瑜大公子
我在快手开直播

谷雨 著

浙江摄影出版社
全国百佳图书出版单位

责任编辑：瞿昌林
版式设计：施慧婕
责任校对：高余朵
责任印制：江立峰

图书在版编目（CIP）数据

瑜大公子：我在快手开直播 / 谷雨著. —杭州：浙江摄影出版社，2022.1
ISBN 978-7-5514-3645-8

Ⅰ.①瑜… Ⅱ.①谷… Ⅲ.①周瑜—传记 Ⅳ.① K825.42

中国版本图书馆 CIP 数据核字（2021）第 243556 号

YUDAGONGZI: WO ZAI KUAISHOU KAI ZHIBO
瑜大公子：我在快手开直播
谷雨　著

全国百佳图书出版单位
浙江摄影出版社出版发行
　　地址：杭州市体育场路347号
　　邮编：310006
　　电话：0571-85151082
　　网址：www.photo.zjcb.com
制版：杭州天一图文制作有限公司
印刷：浙江兴发印务有限公司
开本：880mm×1230mm 1/32
字数：148 千
印张：8.5
插页：4
2022 年 1 月第 1 版　2022 年 1 月第 1 次印刷
ISBN 978-7-5514-3645-8
定价：69.00 元

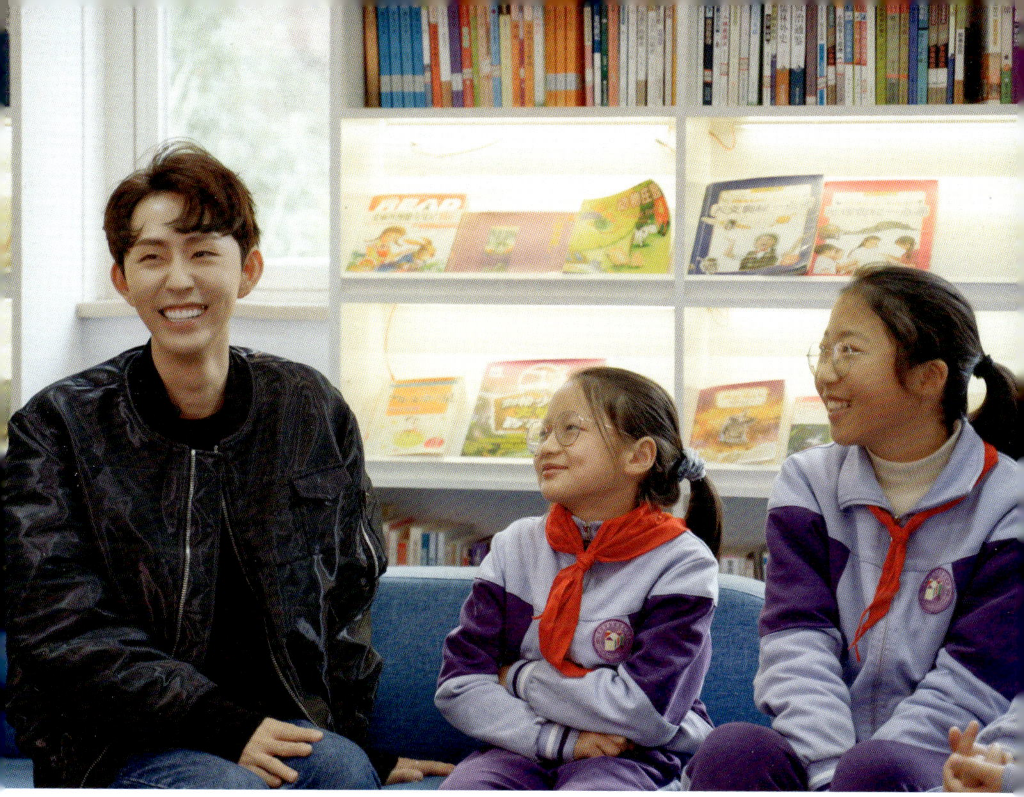

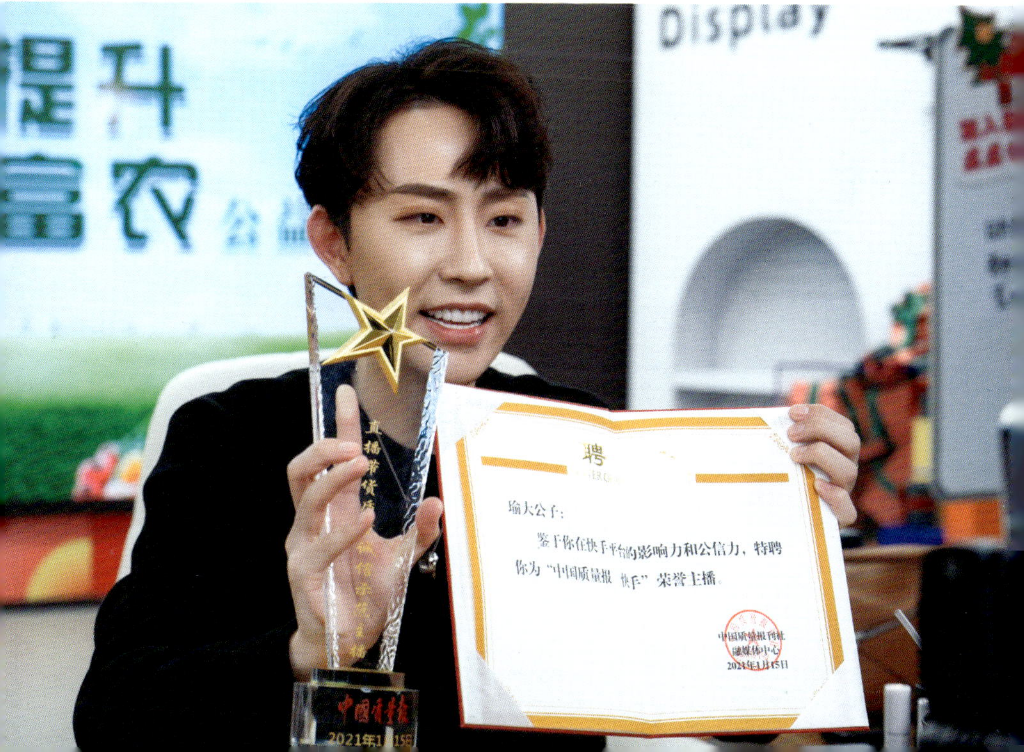
Display
聘
瑜大公子：
鉴于你在快手平台的影响力和公信力，特聘你为“中国质量报 快手”荣誉主播。
中国质量报刊社
融媒体中心
2021年1月15日
中国质量报
2021年1月15日

目录 CONTENTS

上篇 记录之书

前 言　　001
请叫我瑜大公子

第一章　　003
黎明前的第一颗星

第一节　启航：与明星同框直播
/005

第二节　"死胖子"不见了
/010

第三节　一万小时和一天
/014

第四节　脑袋里的算盘
/021

第五节　耳朵里1.5倍速的恐怖故事
/025

第二章　　031
崛起之战

第一节　2020年9月14日，1500万元
/033

第二节　2020年9月19日，7866万元
/038

第三节　2020年9月30日，1.36亿元
/043

第四节　2020年11月5日，3.68亿元
/048

第三章 055

一场直播的24小时

第四章 071

一个主播的自我修养

直播不开美颜

/ 073

每个星期敷两次面膜就够了

/ 075

真诚是一个主播最重要的品质

/ 076

提前一分钟开播

/ 078

孕妇不建议使用彩妆产品

/ 079

用户不是上帝,是家人和朋友

/ 081

正确理解粉丝的需求

/ 082

不要给用户制造焦虑

/ 083

第五章 085

瑜大公子的美妆和礼仪必修课

第一节 瑜大公子的美妆必修课

/ 087

第二节 瑜大公子的礼仪必修课

/ 096

下篇 运营之书

第六章　105
构建直播电商的
五道护城河

　　第一节　第一道护城河：主播&团队
　　　　　/ 107
　　第二节　第二道护城河：品牌金字塔
　　　　　/ 115
　　第三节　第三道护城河：直播解构
　　　　　/ 120
　　第四节　第四道护城河：第一运营思维
　　　　　/ 125
　　第五节　第五道护城河：用户至上
　　　　　/ 133

第七章　139
瑜大公子的直播方法论

　　第一节　一场直播为什么能卖出3.68亿元
　　　　　/ 141
　　第二节　四个"为什么"，重新定义直播带货
　　　　　/ 147
　　第三节　直播的时间线故事
　　　　　/ 152
　　第四节　做内容的朋友
　　　　　/ 157
　　第五节　直播电商的下一站
　　　　　/ 163

第八章 171
直播复盘笔记

第一节　CEO直播复盘笔记
/173

第二节　团队直播复盘笔记（选品篇）
/178

第三节　团队直播复盘笔记（运营篇）
/183

第九章 189
团队运营笔记

第一节　长坡厚雪和赛马机制
/191

第二节　带着最高任务做直播
/197

第三节　直播选品的四个流程和三个标准
/203

第四节　直播电商的三级跳
/209

第五节　流量运营的核心投放逻辑
/221

第六节　优化师的单场策略和长期策略
/226

第七节　玩转直播电商的不二法门
/233

第八节　如何定制一场直播
/238

附　录 245

瑜大公子大事记
/247

寄语瑜大公子
/253

前言　请叫我瑜大公子

命运带着使命和不确定性降临于时代和个人身上，不动声色，却似乎有着磁一般的吸引力，真的是一呼百应。

如同这个直播电商时代中，每一个平地崛起的超级主播。

2019年，周瑜还只是杭州某企业一个工作、生活都按部就班的员工。

他和三国时期的周瑜同名。相同的名字，生在不同的时代，有着不同的性格和人生。比大部分人早起两小时，化个干净的妆，听着1.5倍速的恐怖小说，赶最早一班公交，准时到单位上班。

数年如一日，他的生活轨迹，精准得像齿轮，和时间的机器严丝合缝。

毫无征兆，即将30岁的一天，他离开企业，跑去MCN[①]机构遥望网络应聘主播，完全没想到，从那一刻，人生被赋

---

① Multi-Channel Network，多频道网络，是一种新的网红经济运作模式。

予另一种可能。周瑜很快在公司赛马机制中脱颖而出。

恰好资本市场看好的遥望网络"弹药充足",恰好这个男人日积月累的生活习惯符合电商直播属性——

坚持化裸妆十三年,坚持1.5倍速的听说习惯,坚持利他之心,极度自律……

这些特质在直播中被放大百倍,正印证了"人走的每一步都算数",周瑜与这个行业极其契合,他很快在快手平台,在波澜壮阔的直播电商大时代,留下姓名:

瑜大公子。

2019年9月5日,瑜大公子第一次在快手开直播。

此后不断累积的每一场直播中,瑜大公子不断实现新的突围——

两年时间,账号粉丝达到近3000万;

单场直播GMV[①]最高峰值3.68亿元;

直播间同时在线人数超过52万人;

成为快手平台第一个把品牌货一个一个带进快手生态的主播……

---

① Gross Merchandise Volume,商品交易总额,通常指销售额。

2021年5月18日,中国演出行业协会网络表演(直播)分会发布了《2020年中国网络表演(直播)行业发展报告》。数据显示,截至2020年末,2020年网络直播用户规模6.17亿人,其中电商直播用户3.88亿人,日均新增主播峰值为4.3万人。

一个无法想象的直播电商的大时代!

单个超级主播一天的销售总额,高过很多知名品牌一年的生产总值。一个新兴品牌,一夜之间可以红遍短视频电商平台。

浩浩荡荡的洪流里,每个主播、每个直播机构和团队,乃至每个品牌,都在全新的商业环境里积极应对挑战,寻求自我的巅峰时刻。

对于瑜大公子而言,他的巅峰时刻是2020年11月5日,在快手"双十一"直播中,GMV达到3.68亿元。(也许,瑜大公子还在准备迎接他下一个巅峰时刻,他更高的巅峰时刻还在未来。)

尽管作为一个偏生态链的MCN机构,遥望网络已经同时打造出两个素人头部主播——瑜大公子和酒仙李宣卓,以及多个单场直播GMV过亿的明星艺人,但它也还在等待它的巅峰时刻。

成为快手头部主播后,瑜大公子不但没有放松下来,反而压力更大了。

一如遥望网络董事长谢如栋所期待的——希望瑜大公子能看到更高的未来:更高的自己,以及团队更高的未来。瑜大公子既然是灯塔,既然是榜样,就要给自己设定更高的目标。往小一点说,要引领遥望网络所有的直播主播往前走;往大一点说,要带动这个行业往一个好的方向发展。

的确,作为头部主播,他的任何一个行为,都有可能让粉丝效仿,因此有了更高的职业要求:更高的道德感和自我约束力,更高的格局和使命感,要让自己的影响力更加积极正向,哪怕只是"一棵树摇动另一棵树,一朵云推动另一朵云,一个灵魂唤醒另一个灵魂"。

尼采认为,人是桥梁,而非目的。

瑜大公子非常认同,服务型人格的终极意义,就是做桥梁。渡人,渡己。

他坦诚地讲述生活和工作的经历,以一本书的形式,和更多人在精神和思想上交流。当一个人孤独的时候,当一个人在人生和事业上迷茫的时候,当一个人在直播领域摸索的时候,可以看到,前面走过一个叫周瑜的男生,没有囫囵吞枣般把日子应付掉:在黑暗之中,扔个垃圾都要化个妆;遇到过往的人,都会展露出八颗牙齿的微笑。你爱生活,生活才会爱你。温和的心态，才是坚韧和有力量的。

同时，自律让人孤独，却让人坚守内心，那是去往未来的光。

直播是一个新兴行业，瑜大公子和他的团队大量谈到他们的运营思路，甚至拿出他们的运营笔记、开会记录，以求有一部更翔实扎实的运营实录，给这个行业留下自己的方法论，能启发研究这个行业的人，能助力走在直播道路上的人。

我们总是通过手机看到一个主播的直播状态，但很少看到主播在幕后的琐碎的、平凡的、奋斗的、孤独的、痛苦的时刻。

这是一本关于瑜大公子台前幕后的记录之书，也是一本关于瑜大公子直播电商的运营之书。

上篇 记录之书

黎明前的第一颗星

> 人应当一切都美：外貌、衣着、灵魂、思想。
> ——契诃夫

第一节　启航：与明星同框直播

2021年10月15日，为了赶上明星黄子韬第二天早上的快手直播首秀，瑜大公子和团队在上海忙完《时尚芭莎》的颁奖礼后，连夜赶回杭州。

第二天上午10点，在遥望网络直播基地，瑜大公子和黄子韬同框直播。从一开始，两个人就像开综艺直播，边表演才艺边卖货。黄子韬有见缝插针的率真幽默，瑜大公子有挥洒自如的专业。

直播到晚上12点结束，单场GMV达到2.3亿元。

类似的一幕发生在两年前，瑜大公子和明星王祖蓝同框直播。只是那时候瑜大公子才刚刚起步，粉丝量只有如今的百分之一（2019年11月，瑜大公子快手粉丝30多万；2021年10月，瑜大公子粉丝近3000万）。

很多人认识瑜大公子是从明星王祖蓝的直播间开始的。王祖蓝直播时，瑜大公子在旁边帮王祖蓝助播。

一年到头，王祖蓝因工作安排全国各地飞，瑜大公子在杭州，如果王祖蓝无法来杭州，瑜大公子和团队就会提前飞去他在的城市一起直播。

2019年"双十一"，王祖蓝在上海直播。瑜大公子和王祖蓝直播到凌晨1点多。下播后，所有人来不及休息，各自回到酒店收拾行李，赶去浦东机场，乘坐凌晨4点的飞机飞长沙。

这次随瑜大公子一起出行的有五六个人，包括遥望网络副总裁梁佳、团队负责人开跃、内容组长慕卿、直播组长不二等。

上了飞机后，大家在飞机上睡了两三个小时。落地后团队直奔直播场地，接着选品，做直播。第二天瑜大公子要继续开播。

虽然忙了一天一夜没睡，但大家仍然精力充沛，每个人的内心都有一个源动力——想让瑜大公子做得更好，更快成长起来。

王祖蓝十分认可瑜大公子的业务能力，所以直播过程中王祖蓝就会在互动中让粉丝关注瑜大公子，少则一万两万，多的时候有五六万人。很多粉丝就是通过王祖蓝认识瑜大公子的。

瑜大公子到现在仍清晰记得，自己第一次跟王祖蓝同框直播是在2019年10月18日的深圳，为了纪念这历史性的一刻，瑜大公子特地发了个朋友圈。

这次同框直播后，王祖蓝的经纪人立刻发出邀请，希望瑜大公子可以参加王祖蓝的下一场直播。

瑜大公子的修养和专业赢得了更多明星的青睐。此后，但凡有明星签约遥望网络，都会选择和瑜大公子同框直播。

2019年12月30日，明星王耀庆第一次和瑜大公子同框直播。

这时，距离瑜大公子第一次开播过去不到三个月。瑜大公子在直播中渐渐游刃有余，单场直播GMV突破100万元。

在第一次破纪录前，瑜大公子经历了主播生涯中最激烈的竞赛——赛马机制——他要从一批主播中突围，否则就会面临被淘汰的命运。

赛马机制采用的是末位淘汰制——第一轮赛马有十位主播，以15天为一轮比赛周期，比赛结束后，统计各项数据，形成一个排行榜榜单，淘汰榜单最后三名主播。剩下七位主播接着进行第二轮赛马，比赛结束后，同样淘汰榜单最后三名主播。剩下四位主播进行第三轮赛马……直到剩下最后一位主播，成为赢家。

赛马机制开始前，瑜大公子开始跟播——其他主播开直播时，瑜大公子就坐在旁边，全程跟播，体验其他主播的直播过程，学习如何开始一场直播。

当然，每个主播并不是真的在卖货，而是模拟直播卖货。轮到瑜大公子模拟直播卖货时，其他主播坐在旁边跟播。

经过近两个月的模拟直播，瑜大公子终于迎来自己人生中的第一场直播——

2019年9月5日，瑜大公子在快手开直播，整个团队只有五个人。

这次直播，瑜大公子全程都在销售一款面膜产品。瑜大公子从此开始他除了助播以外的直播打榜生涯。在瑜大公子直播过程中，团队运营的同事负责给事先联系好的娱乐主播打榜，对方主播给瑜大公子的直播间甩用户，号召用户关注瑜大公子，到瑜大公子直播间买东西。

因为一场直播需要打榜多次，每次对方主播甩过来的用户都是新的，所以，瑜大公子只需要全程销售一款产品就够了。

直播结束后，共成交900多单。对一个0粉丝开播的素人主播来说，这已经是非常好的一个成绩。

瑜大公子对自己非常有信心，"我觉得一切都是最好的缘分"。

这种信心不只是来自直播结束后,在第一次直播开始前,瑜大公子就已经表现得非常自信——运营的同事问他,你确定准备好了吗?如果没有准备好,我再给你拖两天。瑜大公子非常肯定地回答:不用拖,我已经准备好了。

在长达三个月的赛马机制中,瑜大公子一骑绝尘,始终排在排行榜第一名。

世界和而不同。之于个人亦是如此。

2019年夏天,周瑜到遥望网络面试,负责第二轮面试的人就是他现在的合作伙伴开跃。面试结束,开跃坚定地认为周瑜就是自己想要找的那个人。

——他非常清楚自己想要什么,并且迅速做出反应。

他想要什么?

早在少年时,心里就已有种子。

比如,瑜大公子用了十几年的网名就叫:黎明星。

——我要做黎明前的第一颗星。

——我要做黎明前最闪亮的一颗星。

第二节 "死胖子"不见了

必须承认，自律是非常考验人性的，它需要一个人克服身上的惰性，克服一些欲望。

瑜大公子说，说起自律，他非常感谢一个女生。

那时，周瑜在读中学，又胖又黑，体重140斤。一次考试结束，出考场的时候，走得太快，周瑜不小心踩到前面一个女生的脚后跟。

他正想给对方道歉，不料女生回过头来就是一句：死胖子！

当众被人羞辱，让周瑜突然意识到：身边的人一直说，你胖得好可爱，圆滚滚的，好可爱，原来是骗人的。

周瑜决定减肥。

接下来是两个月的暑假。暑假第一个月，他每天早中晚各喝一杯300毫升的酸奶，其他时间无论渴了饿了，只喝白开水。有时候到了晚上，忍一忍不喝酸奶，直接上床睡觉。有时候睡个懒觉起来，可能已经到下午2点了，一天就只喝两杯酸奶。

在减肥前，他饭量惊人，每顿饭吃两大碗米饭。

为了减肥，除了管住嘴——少吃，周瑜还要管住腿——坚持运动。

一个月后，周瑜的体重从140斤减到102斤，整整减掉38斤。

瑜大公子回忆："可能是把胃搞坏了，体重减下来以后，我再吃东西就没怎么胖过，包括现在也是一样，我还是很克制，一日三餐，每顿饭只吃小半碗。

"不过，不科学的减肥方式，对身体是有伤害的，所以我觉得有必要提醒一下粉丝，不要跟我一样极端。"

即使到现在，瑜大公子的体重都没有超过110斤。

开学回到学校，印象最深的是刚进教室，所有人看他的眼神很不一样，有人问："你怎么瘦了这么多？"班主任觉得是他抽条了，个子长高了，身板变瘦了。

周瑜笑笑，没有吭声。

从这次事件开始，周瑜的生活进入极度自律的状态。在其他方面，他也都以此来督促自己——一定要节制。

"整体变好了以后，出去别人看到我，觉得我好看，会多看我一眼，我的目的就达到了。

"我很焦虑，我的经纪人他们知道，对外我是光鲜亮丽的，但在光鲜亮丽背后我付出了很多努力，我会特别严格要求自己。上镜时看到脸跟昨天不一样,大了一点点,我就会开始控制,不吃了。"瑜大公子说,可能是觉得他太苛刻了,在生活中他朋友并不多。父母经常跟他开玩笑说,像小时候胖胖的也挺可爱,不需要给自己这么多要求。

小时候陪妈妈去超市购物,看到货架上的零食,他馋得直流口水,眼巴巴地多看两眼,想买了吃,但知道没钱,硬是忍住让妈妈给自己买零食。直到走出很远,他还忍不住回头多看几眼。

从小到大,周瑜的每一件衣服都会穿到不能再穿为止。

高中时,舅舅花190元给他买了一件绿色的针织衫,这已经是他很贵的衣服了,他一直穿到大学。

从中学时被人骂"死胖子"开始,周瑜变得极度自律,几乎影响到生活的方方面面——

每天洗衣服;

每天晚上洗澡;

每天早晚各洗一次头;

每天早上5点起床——无论前一天晚上几点睡——花两个小时化妆;

……

读大学时,周瑜会在前一天傍晚,拿开水瓶去打四瓶热水,两瓶晚上洗澡,剩下两瓶第二天早上洗头。

对周瑜来说，宿舍的人不需要定闹钟，等他吹风机开始响了，他们就知道要起床了。他会上一点BB霜，让皮肤看上去好看一点，那时还没钱买贵的粉底液和粉饼。等到7点，大家洗漱完毕后，就一起结伴去跑早操。

读大学时，是这样。工作后，也是这样。

大学毕业后，周瑜搬到一个叔叔家短暂地住了一段时间。这个叔叔是爸爸的同事，在杭州工作，房子是单位分配的。

住了没多久，周瑜就搬了出来，他在杭州某小区租了间房子，600元一个月，房间里没有独立卫生间。

工作以后，周瑜每天早上5点起床，化妆两个小时，步行走到公交站，乘坐公交车去单位上班。坐公交车到单位需要一个半小时到两个小时，有时候早高峰遇到堵车，两个半小时都到不了。如果出门晚了一点，他赶不上最早的一班公交车，就没有座位，只能一路站过去。

工作七年半，他从未迟到过一次。

值得一提的是，当初骂他死胖子的女生后来成了他的好朋友，两人是通过一个共同的朋友介绍认识的。

转型做主播以后，瑜大公子仍然保持着超强的自律。

粉丝突破50万人那一天，瑜大公子从中午12点开始直播，一直工作到夜里12点。整整12个小时，GMV只做到30

万元。

那也是瑜大公子第一次连续直播12个小时,中间没有休息,没有上一次厕所。

"不像现在,我直播过程中还能吃个饭,去个卫生间,那时候就是这么拼。"瑜大公子说。

第三节　一万小时和一天

格拉德威尔说,人们眼中的天才之所以卓越非凡,并非他们天资超人一等,而是付出了持续不断的努力。一万小时的锤炼是任何人从平凡变成世界级大师的必要条件。

他将此称为"一万小时定律"。意思是,要成为某个领域的专家,需要一万小时的练习。按比例计算就是:如果每天工作8个小时,一周工作5天,那么成为一个领域的专家至少需要5年。

按照这个标准,瑜大公子是专家中的专家。

周瑜从2009年读大学开始学习化妆,到现在已经整整13年时间。

都说兴趣是最好的老师,这话一点都不错,瑜大公子13年的美妆经验完全靠自学。

"很多人见到我,以为我的发型、穿搭、妆容,是由专门的化妆师设计的。实际上我都是自己设计,遇到大型活动才会找化妆师帮忙做造型。"瑜大公子说,大学阶段是他的美妆启蒙期。在社交过程中,容貌虽然不是绝对优势,但确实会给人带来更多机会。对于做前台综合岗的他来说,更好的面貌往往会带来更好的销售业绩。

"没有人会嫌弃自己更好看,没有最好看,只有更好看。

"每个人的装扮要符合自身的条件和气质,要考虑如何让自己的条件跟气质越来越好。你的妆容会随着年龄的增长而变化,随着气质的变化而变化。这是我一直在学习的,包括现在我的妆容也会发生变化,跟我前两年刚做直播时的妆容不一样。这有两种原因,一种是基于工作的要求去做好它,另外一种是基于爱好。一般来说,基于爱好会做得更好,如果不喜欢,是做不好的。"

周瑜学习化妆的途径就是上网,跟视频里的美妆博主学。

大学期间,同学们每个月生活费1500元,周瑜每个月的生活费只有500元。按照正常理解,这500元基本上都是生活开支,包括吃饭、买点零碎的生活用品等。到了周瑜这里,500元基本上都被他的爱好给瓜分了。

读大一时,学校里没有澡堂,周瑜就用小时候妈妈教他的办法洗澡——用开水瓶把冷热水兑在一起,举起来往身上浇。到大二，学校里有澡堂了，洗澡需要插卡，打开水需要刷卡，计时扣费，计费时间精确到秒。

周瑜计算过，自己洗一次澡大概4—5元，每个月30天，光洗澡每个月100多元就没了。

他会省吃俭用两个月，去理发店做一次头发造型。

瑜大公子说，自己吃饭花不了多少钱，到现在也是这样。他吃饭不挑食，所有钱都省下来，用在爱美的"事业"上。

哪怕看电视剧和综艺节目，别人关心的是剧情和八卦，周瑜关注的点在：这个人的妆容好精致啊，化妆师好厉害啊，他是怎么化的？

每个人对于美的概念是不一样的，随着年龄增长，周瑜开始不断调整自己的造型，根据发型的不同修饰脸型。比如每个人都有大小脸，通过化妆，可以把大家的注意力集中到中庭，在视觉的吸引下，让大家忽略其他缺点。

这才是化妆最重要的目的——掩盖瑕疵，给人带来自信。

周瑜的美妆进阶之路是从前面工作的那家企业开始的。在那里工作七年半，周瑜在美妆上得到了专业级提升。

"那时候追求的是看不出妆容，但要干净，打个底，画个眉毛就好。每天下班回家以后，就是我的化妆时间。我开始拼命捣鼓自己的脸，哪怕把自己化得很糟糕。"瑜大公子说，看主播怎么化，他就跟着学，化不好没关系。化一次不行，那就化一个礼拜，一个礼拜不行就一个月，一个月不行就两个月，两个月不行就三个月，熟能生巧。化得时间久了，自己会发现什么颜色好看，什么样的妆容好看，每个人都能靠自己摸索出来。

因为工作关系，需要教女生化妆，以当时的知识储备，周瑜深知自己根本教不了女生化专业的妆容。于是，周瑜只能更加拼命地学习，首先是武装自己，看了很多美妆节目。

转岗后，周瑜发现自己更适合礼仪培训。

培训过程中，周瑜努力让员工谨记一些看似琐碎，实则事关成败的地方。

细节决定成败。

"有时候用户不关心你好看不好看，而是干净不干净，这是一眼能看出来的。好看不好看，每个人审美不一样。当一个人觉得你特别清爽的时候，信赖度会更高，如果你今天胡子拉碴，坐下来讲美妆，一定没有人相信。只有当别人觉得这个事情你能够做好，才会相信你，才会跟着你走。如果你做不好，我觉得就没有必要相信了。"

成为主播以后，瑜大公子开始教粉丝化妆。用户对象变了，但服务的标准和本质没有任何改变。

以前从不做任何保养的粉丝，跟着瑜大公子学会化妆后，发现自己的精神面貌不一样了，用心开始学化妆。在学习过程中，觉得眉形不好看，改眉形；眼妆不好看，改眼妆；唇色不好看，改唇色。

一个人的美妆进阶之路，往往就是这样开始的。

在前台做了三年，根据时间和能力进行评级：准星、一星、二星。必须做满三年才能转后台岗，比如新的业务政策下发，去给新员工培训。作为企业培训师，周瑜在业务支持部做员工服务礼仪培训、商务礼仪培训，以及客户投诉和销售技巧的培训。

三年的前台工作经验，带给周瑜莫大的帮助，尤其锻炼了他跟人打交道的能力。

营业厅每天开放4—6个前台席位，每个人平均每天接待80个用户。跟用户打交道，至少需要有一项优势傍身，要么长得好看，要么是业务能力强，要么就是服务意识强，或者还有其他技能。

周瑜的服务意识就是在那时候锻炼出来的。面对用户，必须非常注重自己的妆容、言谈、举止，给用户的第一印象必须是干净清爽的，使用敬语，举止得体，办理业务过程中，双手递、双手接。

"前段时间，我参加北京电影节，走红毯的时候，粉丝说特别感动,瑜大公子双手接礼仪小姐递过来的笔,签完自己的名字,又双手递回去。"瑜大公子说,这个习惯是他在多年的工作中养成的,那时候错一次,罚20元。

很多人虽然知道一万小时定律,但是只做到这一步是远远不够的。一个人的品行修养也要达到同等水平。一切行业都是服务业,从服务的标准考量,可以看出一个人起码的修养。

有一天,周瑜接待一个客户——

客户来营业厅,走到我面前,愤怒地把机顶盒丢在桌子上,骂了一堆脏话,原因是师傅给他家换过机顶盒,电视还是有雪花点。他认为机顶盒质量有问题。还有一个问题是,他存了300元费用,两个月不到,钱就花完了。咨询岗的小姑娘心直口快,说你们家的套餐订错了,将矛头直接指向公司的受理员。

因为受理员的口误,对方一屁股坐下来说:老子不走了。我也不找你们的经理,就由你来给我处理。

客户点名让我处理。

按照我的理解,首先应安抚用户的情绪,先给用户开机。如果自己处理不了,就找值班经理,或者找领班,领班有权限把钱还给人家。

对用户来说，解释得好不好很影响用户情绪。

但我一点都不害怕，在这之前，更过分的事情我都经历过：用户直接把口水吐到我脸上，我不能生气，还要保持微笑，继续办理业务，办完业务再进卫生间洗脸。

这个投诉，我处理了整整一天。

通常情况下，遇到投诉的用户，受理员会跟对方说：我没有权限，处理不了，你去找经理。

但如果这样做，往往只会更激怒用户，将心比心，我跟用户是有共情的，我能理解用户的情绪，确实是之前受理员的问题。虽然不是我弄错的，但作为单位员工，我要来承担上一个受理员的错误。

我找领班给他调账，设备开机后，我让我们的值班经理到他面前，给他倒水，安抚情绪，值班经理解释并承诺做出一些补偿。

其实用户的需求很简单，把多扣的钱还给他，电视能够看，雪花点问题得到解决就好了。

值班经理安排师傅当天上门服务，后来检测出来是他家里电视机的问题。

最后，他临走的时候跟我说了三个字。

这段经历变成我培训新员工时经常提起的一个故事，我问他们：你们觉得客户说了哪三个字？

几乎所有人的回答都是：谢谢你。

我跟他们说不是。客户说的是：对不起。这才是最高级的处理办法带来的效果。他谢谢你是因为你为了他的事忙了一天，仅此而已。但如果处理得更好，他觉得自己是有亏欠的，应该向我道歉。

第四节　脑袋里的算盘

在跟瑜大公子聊天过程中，他的思维逻辑非常清晰，尤其是讲到他在前面一家单位工作期间，做前台业务受理岗，需要记住几百个套餐，每个套餐价格不同。这意味着瑜大公子脑袋里就像是有一个算盘，在用户坐下来准备办理套餐时，他要根据用户需求，迅速计算出用户用哪个套餐是最省钱、最划算的。

这跟瑜大公子直播间推荐美妆机制类似，有时候他甚至亲自参与到机制的谈判中。

相比之下，瑜大公子觉得直播比背几百个套餐容易多了。

每年4月份，单位下发新政策，市场部为了做KPI[①]，设

[①] Key Performance Indicator，关键绩效指标。

计出各种新套餐。

刚入职的时候,周瑜的师傅再三叮嘱:我们每个产品对应一个优惠,没有优惠就出原价,有优惠出优惠价。比如基础电视,普通用户看电视每月付21元,看一些基础频道,需要在机顶盒上订购一条二合一初装免费,如果是要开户费,就要订二合一初装300元,再订一条每月21元的数字电视费用等标识。

"如果是套餐的话就更多了,比如你要订一个乐享世界60元,豪华世界81元,至尊世界100元。基础电视费是21元,剩下来的是优惠费用。"瑜大公子到现在还清楚记得过去业务中的每一个套餐和价格,这个套餐是16条记录,数一数,如果少了,那可能订错了,一定要仔细检查一遍。订错了,单位是要进行扣罚的。

大家在营业厅办理业务时,经常会遇到一种情况:明明排队时自己这一排人数少,结果其他几排的业务都办理完了,自己这一排还没结束。

原因很简单:业务员不熟练,办理业务流程就很慢。

办理这种业务对周瑜来说,简直是小儿科。周瑜办理业务时能够做到同时开四个系统:三个数字电视系统和一个宽带系统。相当于系统里输入账户和密码,同时登录四次就能同时打开四个窗口办理业务。就像打游戏,同时创建四个角色，开四个游戏账号。

这意味着周瑜一个人同时可以办理四单业务。当然，如果业务员有能力，可以同时开十个系统办理业务。

大部分业务员办理业务的流程是，打开一个窗口，办理一个业务。办完前面一个业务，才能办理后面一个业务。

正常情况下，业务员办理四个机顶盒差不多需要一个小时。

瑜大公子得意地说："我只要五分钟。我的操作方法是这样的，觉得你要办这个业务了，在跟你交流的过程中，我已经在办业务了，只不过等到提交那一步，我就等你刷卡付款后，打印发票，业务就订购完成。如果不刷卡，提交业务直接点击撤销。很多用户就很纳闷，问我怎么这么快。其实，我在聊天的时候已经把业务订完了。"

由于数字电视和网络宽带业务是分开的，营业厅的受理岗分为专业岗和综合岗。周瑜只做综合岗，什么业务都可以办。这样做的好处是两个业务一起办，用户可以使用各种优惠套餐，费用更划算，另外就是业务员提成不用分出去。

按照单位规定，业务员办理业务时，如果是咨询岗客服带过来的，办理业务后，业务提成要给咨询岗分；如果是宽带岗带过来的，办理业务后，业务提成要给宽带岗分。综合岗不存在这些问题，所有业务都不用跟任何人分。

实际上，系统多开是系统本身自带的漏洞。

后来，数字电视和网络宽带业务合并，后台系统升级，业务员用同一个系统登录账号办理业务，系统不支持多开窗口，每次只能开一个窗口。从某种程度上来说，这变相降低了办业务的速度和效率。

"以前我师傅教我，要记住16条记录来判断业务办理时的对和错。"瑜大公子说，他后来教徒弟，告诉他们，不用数条数，订完了点下一步就是对的。他办理前台综合岗业务期间，业务的准确率能做到100%。

上岗第一个月，周瑜坐在前台，不知道怎么办理业务，就像抓着一块烫手的山芋，无从下手。很长一段时间，都是坐在隔壁桌的姐姐帮他办理业务。有趣的是，这个姐姐后来成了周瑜的嫂子。在工作过程中他才慢慢明白，业务不熟练没关系，但不要耽误用户时间，收了钱后，先打印发票给用户，等用户走了，自己再慢慢操作，因为装电视和宽带需要24小时，只要在24小时内把业务办理完就可以。

直到有一天中午，在食堂吃完饭，周瑜觉得自己突然开窍了，就像玩游戏的时候突然开挂了一样。到了下午，这个未来的嫂子就问：你确定不用我帮你吗？

"很神奇，我全会了。从那天以后，我的业务办理就是最好的。"瑜大公子说,就好像脑袋里有个算盘,有闪电般的计算速度。面对几百个套餐和复杂的操作系统,他能熟悉并记住每一个套餐价格,遇到用户咨询,熟练到不假思索、脱口而出。

第五节　耳朵里1.5倍速的恐怖故事

瑜大公子最大的爱好是听书,只是很难想象,他喜欢听各种各样的恐怖故事。

这个习惯最早是从住在工厂宿舍开始的。因为大部分时间,他都是一个人在家。

"小时候挺害怕的,上个厕所都要把灯开着,有时候害怕找不到灯的开关。后来,舅舅送了我一盏台灯,这是我人生中第一盏台灯,是触摸灯,碰一下灯就亮了,再碰一下,灯就灭了。"瑜大公子说,他第一次看的奥特曼VCD也是舅舅给他买的。舅舅当时和大姨、小姨一起在义乌做生意。每年夏天暑假,妈妈会把他送到舅舅家或大姨家。在舅舅家或大姨家,他们会给他买各种零食、棒冰,就像进货一样,塞满整个冰箱。

说到舅舅、大姨、小姨和外婆的时候,瑜大公子眼睛里都在放光。而讲到小时候一个人住,他眼睛里的光又黯淡了下去。

他第一次看恐怖片也是在这时候,父亲买了一台彩色电视机。他从电视机里看到动画片《太阳之子》,里面有个老巫婆,很吓人。搬到长兴县城读四年级以后,家里新买了一台彩色电视,旧的彩色电视就搬到了周瑜阁楼的卧室,他经常躺在床上看电视。

第一次看恐怖片的时候,他神经紧绷,浑身哆嗦,人躲在被子里,偷听电视里的声音,但是冬天太冷了,他不愿意下床去关电视。电视一直开着,直到他在电视的声音里睡着。

不知道从什么时候开始,他渐渐习惯了看恐怖片,习惯了听着电视的声音睡觉,有几次关了电视反而睡不着。

后来很长一段时间,周瑜失眠的时候都是靠听恐怖故事助眠。

除了恐怖故事,周瑜也爱看韩剧《人鱼小姐》。那时中央电视台第八频道,每天晚上10点开始播放韩剧,剧集长达几百集。周瑜就打开电视,听电视里的声音。

这个习惯在有了智能手机以后,变成了听书。

在这之前,周瑜是通过收音机收听恐怖故事。

"那时候所有内容全免费听。内容很开放,什么样的内容都能听到。很多内容都是作者自主上传的。"瑜大公子说,有了听书软件后，他就在听书软件上听书。唯一不满意的就是，讲书节奏太慢，非常浪费时间。

后来，他像发现新大陆一样，发现听书软件新上线一个功能，可以选择0.5—2.0倍速听故事。周瑜听书选的是1.5倍速。

"1.5倍速跟我说话的速度是一样的，有时候为了给人制造身临其境的感觉，恐怖故事开始前的音乐可能要铺垫一段时间，所以我就1.5倍速播放，挺节约时间的。我早上5点起床，两个小时的化妆时间，我能听很多集，一集差不多也就五六分钟时间，1.5倍速差不多两三分钟就听完一个完整的故事。"

自从做美妆博主以后，瑜大公子不再开着电视睡觉。

"我会强迫自己睡，实在睡不着，就打开听书软件听书。听书软件有一个功能是播放两三集后自动关闭，现在这个功能找不到了。"瑜大公子说，跟小时候一样，他听着声音更容易入睡。

而且，瑜大公子承认自己有点强迫症：睡觉时手机永远放在床的左边，水杯永远放在床的右边。这已经成为一种习惯，哪怕出差旅行住在酒店里也是一样。

"不管朝哪个方向睡，我一定是左手拿手机，右手拿水杯。"瑜大公子说，这种习惯就像听书一样，很多人听书是为了获取知识，但在瑜大公子的理解里，听书就是一种陪伴。可能别人化妆的时候喜欢看电视剧或者听歌，而他化妆的时候喜欢听恐怖故事。他只是单纯去听，并不接收恐怖故事带来的信息。

化妆需要打发时间，恐怖故事的信息量特别大。周瑜最早听脱口秀也是要等到作者更新完全部节目内容后，一次性听完，这样比较痛快。

跟长篇网络小说不同，恐怖故事的好处是没有任何章节连续性，相对独立，每一集都是一个独立的故事，5—6分钟。如果是VIP会员，会有特别加长版。很多人喜欢听书，是因为随时随地可听，非常简单方便，就像简化了生活中的一个步骤。

周瑜从小对书耳濡目染，在他印象里，父亲有很多藏书，铺满一整面墙，有电器接线、修理、装修等各种各样的工具书。

他感觉父亲是万能的，好像这个世界上没有什么事情能够难倒父亲。家里遇到任何小问题，父亲都直接动手解决。哪怕是增压泵这种非常专业的设备，父亲也从来不找工人，而是去五金店配零件，回来自己安装。

瑜大公子最近在听几套不同的故事集，加起来一共三四百集，已经听了82%，估计再过几天就听完了。

很多故事，瑜大公子基本上一个礼拜听完。

有时没故事可听，瑜大公子就把之前听过的恐怖故事翻出来，重新听一遍。

崛起之战

> 所有巅峰时刻需要绸缪,所有非凡之事需要酝酿。
>
> ——斯蒂芬·茨威格

第一节 2020年9月14日，1500万元

主题：福利专场

目标：100万单

时间：2020年9月14日12：00—17：00

地点：瑜大公子直播间

2020年9月14日，瑜大公子直播满一周年零九天。瑜大公子推出福利专场，谢如栋亲自坐镇瑜大公子直播间。

直播前，谢如栋给副总裁邵钦下令：不管前面卖出去多少货，你都要把投放金额拉到100万元以上。当一个新的营销工具上线，你必须测试它的阈值（又叫"临界值"，是指一个效应能够产生的最低值或最高值）。把100万元花出去，

100万元不行就200万元,200万元不行就500万元。总之,测试系统的极限值,看最后能到多少。

"小店通"是快手官方的营销工具,一个多月前,小店通内测版正式上线。

自小店通开始,邵钦在谢如栋授权下,接手瑜大公子工作室的流量运营,成立流量投放部门,兼顾遥望网络所有主播工作室流量投放策略的制订、执行。

这也是遥望网络在直播电商发展过程中的分水岭:小店通上线前,遥望网络的打法是给娱乐主播打榜;小店通上线后,遥望网络结束直播电商的打榜时代,流量运营进入全新的阶段:流量的批量化采买。

由于还在内测阶段,小店通上线后问题很多,没有任何归因数据①。投入产出比不高,但前端数据明显很好。一方面害怕亏损,另一方面箭到弦上不得不发。邵钦一时之间进退两难,只能选择更谨慎的方式,让团队将每次流量的投放金额圈定在10万—20万元。

内测期间,小店通还没有开放接口,接口在代理商手里,代理商安排了20多个人,邵钦带领4个人,全部手工创建广

---

① 指从流量投放来说,优化师根据自己的投放带来的数据反馈,推论出投放是否精准有效,是投产管理重要的数据依据。

第一章 崛起之战

告投放计划。

直播结束后，邵钦不太满意，第一次使用小店通内测版工具，投放金额100多万元，并没有达到测试最高阈值的效果。

为什么要做福利专场？

谢如栋解释，公司所有高管下沉到直播一线，他也开始介入每个主播工作室团队的直播运营，虽然做不到事无巨细，但至少能把控住直播电商业务的基本盘。

正是在和团队一起做选品的过程中，谢如栋发现有些产品性价比非常高，质优价廉，为什么瑜大公子这里不推个福利专场呢？

谢如栋的运营逻辑很简单——必须让更多用户感知到，在瑜大公子直播间能够买到高性价比的产品。如果用户没有下单，不产生购买行为，他只是你的粉丝，不是你的用户。如何成为你的用户？那就让他买你的东西，跟你产生链接，他才能真正觉得你好。如果他没有买，只是听别人说你好，在心里感觉你好，他并不会真正知道你有多好。

作为遥望网络董事长、CEO，谢如栋是公司的第一运营，被公司所有人称为大运营总监，也是公司里运营思维最强的人，多年的互联网从业经验让他对商业和运营有着极其敏锐的嗅觉。

遵守运营的第一条原则是，把最好的东西卖给最多的人。

从这个角度衡量，订单量成为福利专场的核心运营指标。

在开跃的印象里，福利专场并没有准备得很隆重。前一天，他还带着瑜大公子和团队在外面直播××品牌专场。中间没有休息和过渡，第二天直接上福利专场。

直播间准备的全是福利品：1元、9.9元、19.9元、39元……

直播开始后，瑜大公子陆续推出8个福利品，客单价都在9.9元以下，订单量1万单起步，直播间人气迅速拉升到10万+。在过去很长一段时间，瑜大公子的直播间人气始终维持在3万—5万人，想做10万+非常困难。

比如洁厕灵和油污净，两瓶加起来9.9元，全国包邮。结果，这个福利品直接爆单，瞬间被秒出去超过10万单。

爆单后，直播间接着上架一款羽绒服。

这款羽绒服零售价300多元，品牌方供货价200多元，瑜大公子直播补贴20元一单，直播价降到189元，卖掉三四万单。放在以前，最多能卖三四千单，这次整整翻了10倍。

很多人认为福利品一定是超低价，实际上这么理解是片面的。一个1000元的货品，降价到200元，是不是福利？当然是福利。对用户来说，简直超级划算。福利不等于超低价，而是和正常售价相比，价格回落较大，远低于正常售价，这类产品就是福利品。

这也是当天直播间唯一一款售价189元的货品，其他货品售价全在39元以内。

最夸张的是，有的产品主播刚介绍30秒，货品上架10秒就被用户秒光。换在平时，大概需要3—5分钟。

按照这种直播节奏，团队准备的50个品完全不够卖，原计划5个小时的直播时间可能2个小时不到就要结束了。

一个小时出头，30个品全部卖断货，店铺里还剩下20个货品。

谢如栋当机立断，让团队去样品间把客单价低的福利品全部带到直播间，堆在地面，现场过品，现场定价，店铺运营准备随时上架；另外，招商部同事打电话联系品牌方，加货，加库存。

直播提前结束，单场GMV超过1500万元，订单量达到59万单。

瑜大公子非常激动，对他来说，这场直播具有非同寻常的意义：

第一，第一次独立卖货，对自己直播电商主播的身份有了更深的认同感和归属感。在这之前，瑜大公子给娱乐主播秒榜，靠对方主播甩流量直播带货，有种依附于他人的感觉。

第二，第一次真正意义上的团队化作战，团队通过快手平台直播投放工具小店通给直播间引流,效果超过预期。

必须承认,这次直播对团队的冲击很大,他们从过去的困局里跳出来,积极拥抱变化,视野、认知和思维逐步打开——

用户更在乎性价比高的产品;

推福利品是拉升直播间人气最有效的办法;

直播运营第一步,必须触达更多用户,建立跟用户的感知。

只是小伙伴们——包括瑜大公子在内——可能还没有意识到,五天后的那场直播将把他们带上一个新的台阶。

第二节　2020年9月19日,7866万元

主题:极速发货专场

目标:100万单

时间:2020年9月19日12:00—9月20日01:30

地点:瑜大公子直播间

9月19日，谢如栋带领瑜大公子团队接着组织极速发货主题的直播专场，直接对应五天前的福利直播专场。

用谢如栋的话说，没有9月14日的福利专场，就没有这次极速发货专场。

原因是9月14日直播结束后，客服接到很多用户投诉，所有投诉指向同一个问题：为什么还没发货？

团队盘点了一下，五天过去了，大部分货还没有发出去。直播间突然爆单，订单量骤然加大，超出目前的物流服务极限。好在收到货的用户，都给了五星好评。

显然，在直播电商中，光注重品质还不够，还要重视仓储物流，遥望网络有能力给用户提供更好的仓储物流服务。

从触达更多用户，到提升服务，这是一个潜在逻辑。于是，有了这次极速发货专场——目标涨粉300万，订单量破100万单。

虽然这场直播没有确定冲1亿元的GMV指标，但谢如栋让团队和品牌方还是按照1亿元的标准备货。

按照极速发货的要求，遥望网络和品牌方需要在用户下单24小时内把货发出去。

团队的对策是，启动产品预打包机制。也就是说，遥望网络仓储物流和品牌方提前一周将产品打包，用户下单后，24小时内将货品全部发出。负责仓储物流供应链的是遥望网络高级副总裁戴颂威。

直播开始前,快递卡车和快递员候在仓库附近。

直播间视频里显示:仓库里包裹堆在地面上,阵势铺天盖地,场面极其壮观;室外排着长长的豪车车队;直升机停机坪上,大家在直升机上拉横幅……从头到尾都是大场面、大制作。

用户最直观的心理是:哇,好牛!这种观感就像电影《指环王》和《霍比特人》,整部电影半数以上的场面都是长镜头,感觉视野极其开阔、宏大。这也能直接让用户感受到,瑜大公子为直播间粉丝准备了多少福利货品,这样的心理也直接反馈在数据上——这些视频的热度和转发、点赞、评论数量都很高。

在瑜大公子眼里,谢如栋非常有决策力,他几乎是在挑战不可能完成的任务。

快手上从来没人敢说24小时内发货,即使在直播间,瑜大公子口播时给的理论发货时间也是72小时,而且是预打包1亿元的货,超过100万单发货订单。瑜大公子担心,万一只卖了1000万元的货,打包好的货怎么办?拆掉打包盒,损耗也要几百万元。

面对质疑,谢如栋表现得非常坚定:一定要跟别人不一样，我们要用最好的服务去打动粉丝。

事实证明，直播结束后，截至当天（9月20日）中午1点，130多万单的货全部发完。距离直播结束仅过去不到12个小时。

瑜大公子在直播间卖货时，细心的用户能通过大屏幕看到实时仓储物流信息。用户在直播间下单付款，收到付款信息后，后台人员将预打包好的包裹交给快递员，装车运走。

有的品牌方发货速度没那么快，就把预包装的包裹一卡车一卡车运送到遥望网络仓库，由遥望网络代发。

所有人都以为大屏幕上的视频是提前录制的，实际上不是，视频是直接连线现场，实时直播。

仓库里的货，戴颂威临时找人打包就花了一个星期时间。这只是需要遥望网络代发货的部分，其他大部分订单还是由品牌方直接发货。

谢如栋、方剑在微信群里拼命催促：今天卖爆单了，快点加人！

戴颂威紧急调动更多的人解决发货问题。

所有粉丝第一次非常直观地感受到遥望网络的发货速度，感受到遥望网络的极速服务。

瑜大公子说，放眼整个抖音、快手和淘宝全平台，能够做到24小时极速发货的商家并不多。很多商家在直播电商中采取预售制，提前5—7天预售，根据订单按需生产、发货，整个周期甚至延迟15—30天，而遥望网络自身到现在依然坚持24小时发货。

9月20日凌晨01：01，瑜大公子直播过程中瞟了一眼面前的数据显示屏：直播间实时GMV 7300万元，同时在线6.3万人。

半个小时后，瑜大公子下播。大家拥进直播间，开香槟，大声尖叫，庆祝这盛大的一刻。

谢如栋和总裁方剑很开心，觉得这个事情是有希望的，他们终于不需要再靠主播打榜，而是通过自己团队的流量投放完成整个直播电商的商业闭环。

如果说9月14日的直播让瑜大公子意识到自己能独立卖货，能团队化作战，那么9月19日这场直播让他意识到，瑜大公子和遥望网络蕴藏着更大的潜力、更强的爆发力、更多的可能性，以及更高远的未来。

按照谢如栋的要求，邵钦测试小店通上线后的最高阈值，不计代价把人气拉满，进行大量的流量采买，这次尝试终于成功了。

这场直播，邵钦在流量投放上花掉四五百万元，"我把能投出去的钱全投了，拉到整个行业最高值。说得夸张点，那段时间，只要瑜大公子开播，其他主播就不用投了，我们将流量全部买光了。"

针对小店通产品，谢如栋给出的解释是：

任何新产品出来，不管产品前期是好还是不好，我们都要去尝试。对我们来说，如果不尝试，就没有第一口水。如果尝试过，失败了也没关系，可能官方会去调整这个产品。如果官方不调整，坚持认为是好的，我们就自我反省。

直播结束后，设定的目标值全部完成：
粉丝从500多万直接暴涨到800多万，涨粉超过300万；
订单量130万单，超过设定的100万单目标值；
GMV达到7866万元。
距离1亿元的目标还差最后一步。

第三节　2020年9月30日，1.36亿元

主题：双节同庆专场
目标：GMV破1亿元
时间：2020年9月30日12：00—22：00
地点：瑜大公子直播间

距离上一次直播一个多星期后。

9月30日,是瑜大公子直播经历里非常有代表性的一天。第二天是国庆节,后面紧接着是中秋节,双节同庆。这场直播的主题也很应景:双节同庆专场。

9月19日直播目标达成后没过几天,谢如栋就开始制订第三次直播破亿计划。他说:

> 我需要证明一个理论:
>
> 第一场直播,把更好的、更具性价比的东西卖给更多的人;
>
> 第二场直播,触达更多用户后,出现物流问题,我们需要提升服务;
>
> 第三场直播,为了验证前面两点,我们有了一个质的提升。前两场直播发出近200万单的货,这200万用户收到货后,会不会来瑜大的直播间复购?
>
> 事实证明,用户能来复购,因为我们的东西真的好。

为了证明这个理论,那段时间,谢如栋在团队里的参与度很高,他深入团队强运营的频率很高,跟团队一起定方案,定视频,定货品。

9月24日开始,团队给瑜大公子拍直播预告视频。

谢如栋非常清楚，平台流量的获取处在爬坡期。两次直播的成功还不够，团队还需要做出一些东西，必须做扎实，做深、做透，不然后面可能起不来。团队和主播需要持续和稳定输出的能力。

这段时间，开跃有一种被推着走的感觉，压力很大。

每次开播过程中，开跃的微信不断弹出新消息。第一个老板问：今天的目标能完成吗？第二个老板问：今天的直播节奏怎么这么差？第三个老板……

中午11：59，直播准时开始。开始几个小时，一切顺利。

下午4：00前，团队提前定制的蛋糕已经送到，香槟也准备好了，大屏投影也已就位。

所有人屏住呼吸，等待见证这历史性的一刻。

按照原计划，直播间预计在下午4：00左右破亿，团队将GMV破亿的数据投影到直播间的大屏幕上，让所有粉丝和瑜大公子一起，共同见证这历史性的一刻。

到时有人推蛋糕出来，大家集体站在大屏幕前，开香槟庆祝。

然而，到了下午4：00，数据还没有达到既定目标。

下午5：30，招商部同事婉清发布朋友圈：直播间实时GMV达到9800万元，还差最后200万元就破亿了。

想想还是挺激动的。

但，行百里者半九十。对比已经达成的9800万元GMV，最后200万元确实不算高。按照常规理解，这200万元应该分分钟可以完成。

结果，整整花去一个多小时。

下午6点多，直播间实时GMV突破1亿元大关！

蛋糕推出来，香槟开起来，同事站到大屏幕前跟主播互动。

这一次，瑜大公子当场大哭。9月19日，瑜大公子也哭了。上一次哭是自责，没有完成内心破1亿元的目标，这次哭则是激动。

瑜大公子在直播间感谢粉丝，说了一些感人的话。大概意思是，从5月份开始，团队立了一个flag，喊着要破亿，一

直没实现。半年过去了,这次终于实现了这个目标。

大家有些释怀,总算突破了自己的天花板。

这场直播以后,瑜大公子站到一个新的梯队,正式进入快手平台头部S级主播的行列。对团队来说,大家的集体成就感很强,遥望网络终于有了一个S级的主播,有单场直播破1亿元的实力。

GMV破亿后,瑜大公子继续直播到晚上10点左右下播,GMV最终定格在1.36亿元。

之所以提前下播,是因为货已经卖完了,仓库没货了。

下播前,方剑把所有招商的同事喊到直播间,现场盘货,现场上链接,直到所有货被一扫而空。

和上次直播一样,遥望网络要求所有品牌方必须在24小时内把货发出,做不到24小时发货的品牌方,可以将预打包好的货运到遥望网络仓库，由遥望网络统一代发。

第二天是10月1日，国庆节。

这一天，瑜大公子难得发了一次朋友圈。

从这一天起，瑜大公子终于成为遥望网络S+头部主播（公司通过GMV给主播定的职级标准，截至2021年10月，公司S+主播只有两位，其中一位就是瑜大公子）。

第四节 2020年11月5日，3.68亿元

主题："双十一"聚星回馈盛典
目标：GMV破5亿元
时间：2020年11月5日10：00—11月6日02：00
地点：杭州未来科技城国际会议中心

2020年11月5日9：59，瑜大公子在杭州未来科技城的国际会议中心准时开播。距离瑜大公子首次在快手开直播，已经一年零一个月。

国际会议中心和公司只隔一条马路，步行5—10分钟，因造型酷似蒙古包，外观白色，大家将这个会议中心称为

"蒙古包"。"蒙古包"室内主会场面积1650平方米，可最多容纳1500人，另外还有3间贵宾室。"蒙古包"室外广场2000平方米，适合布置T台红毯，举办露天活动。

直播现场聚集了近200人的服务团队，以及投资人和100多个品牌方的代表。

半个多月前（10月13日），瑜大公子的粉丝突破1000万。这次直播前，瑜大公子快手粉丝量1300万。

为了这场直播盛典，团队提前一个月准备货品。直播前一天早上10点，室外下着蒙蒙小雨，工作人员开始搭建直播的舞台场景。

——这将是瑜大公子有史以来规格最高、福利最多的一次直播，更是瑜大公子第一次在大型国际会议中心开直播。

为此，遥望网络斥巨资邀请五位明星嘉宾现身瑜大公子直播间，并给粉丝准备了1000万单重磅福利，其中超过200万单产品以个位数价格秒杀（1元、9.9元）。

中午12点多，内容组长慕卿带团队给前来参加瑜大公子直播的明星拍摄短视频。

下午5点左右，直播的舞台场景搭建完毕。慕卿发布直播预热视频。团队进行直播测试，随后进行半个小时的直播彩排。

傍晚6点左右，谢如栋亲自坐镇直播间，带团队过品，进行直播前最重要的目标任务分解动作：直播解构（指遥望网络针对直播电商独创的运营方法论）。

让团队非常意外的是，本来已经做好的选品排序，谢如栋全部推翻，现场重新排序。谢如栋在白板上做任务分解的解构图，一边写，一边画，过完一个品，接着过下一个品。整场直播选品超过100个，逐个详细分解、解构。

然后，现场直接跟品牌方沟通，力争给粉丝更好的价格和机制。

经过9月30日破亿之战后，瑜大公子团队按照前面三场直播的经验和逻辑持续向前推进。

一个多月里，都是差不多的直播节奏。

到10月下半月，问题开始暴露：直播间的商品同质化严重，大部分用户已经人手买了几单，不会再买了。

面对即将到来的"双十一"电商节，瑜大公子团队能不能有一个更大的突破？

谢如栋分析后得出一个结论："这一次，我们必须从货品结构上突破。10月份整个月，还是延续9月的货品结构，基本上没有太大变化。除了重组整个货品结构，已经不可能再有其他突破。"

谢如栋运营思路很清晰，剩下的是果断执行——将整个货品结构全部推翻重组。

在这次直播中,团队第一次推出客单价599元的商品:国货美妆套盒。

瑜大公子从来没有在直播间卖过这么高客单价的国货美妆产品,以前客单价最高在一两百元。

结果,当天客单价599元的这款国货美妆套盒在直播中爆单,订单量8万+,GMV达到4700多万元。

的确,这个成绩放在全平台主播的直播间也是屈指可数,整场直播的货品结构也不一样。

换在以前,所有人对快手直播电商(包括抖音直播电商)的认知是,客单价不超过100元,超过100元没人买。

瑜大公子和遥望网络打破了这一魔咒。

这符合直播电商的选品逻辑——爆款逻辑,必须选出更具爆发力的爆款产品拉动整场直播的GMV。

夜里00:30,有些小伙伴开始回家休息。大部分人继续留守直播间,一直待到凌晨4:30。

凌晨4:30,距离直播开始还有5个小时,还有最后一个礼盒机制的产品没有讨论完。

开播前1小时,经过跟品牌方沟通,才最终确定下来。

作为工作室负责人,开跃一直跟到凌晨4:30,实在扛不住了,开车回家洗漱、睡觉,躺下时已经凌晨5点多,考虑到上午10点开播要提前2个小时到场,定了7:30的闹钟,实际上只睡一个多小时就起来了。

开跃心里一直处于兴奋状态:今天要干票大的。

早上8点,团队所有人赶到直播现场。国际会议中心外面,明星、嘉宾开始走红毯,慕卿带团队拍摄视频花絮。

直播开始前1小时,团队进行第二轮直播测试。运营人员对接邵钦所在的流量投放部门,核实投放情况。

直播开始后半个小时,GMV拉升到3000万元;

3个小时,GMV突破1亿元。

直播时间持续到夜里1点多。

这是瑜大公子直播以来最好的成绩——全场GMV达到3.68亿元,场观1020万人——超过以往任何一次直播记录。

瑜大公子一战成名。

在这之前,尽管瑜大公子战绩赫赫,但知道瑜大公子的人不多。在这之后,瑜大公子的名字在直播电商圈几乎无人不知。

令瑜大公子印象深刻的是,前面2亿元的GMV只花了几个小时时间,后面1亿多的GMV拉升速度特别慢。

夜里00:30,方剑骑了辆电瓶车到直播间,准备卖电瓶车。

看着大屏幕上实时滚动的GMV数据，瑜大公子有些自责，5亿元的GMV目标值肯定完不成了，愧对团队为此付出的时间和努力。

方剑开玩笑说，让谢总（谢如栋）以后目标定低一点，大家开心一点。

实际上，直播前一天晚上，瑜大公子回家也就睡了3个小时，睡前还在做目标任务分解。

虽然没有达成GMV目标，但谢如栋心里非常清楚，这次推翻重来，遥望网络又破了一个纪录——

从9月14日到11月5日，这4场直播我们可以说有规划，也可以说没有规划。

当然，我们有整体的运营策略，只是很多节奏被打乱了。比如9月14日和9月19日，这两场直播间隔时间太近了。但是没办法，中间出现问题，我们就要快速推进，解决这些问题。为了把前面的问题解决掉，我们接着挑战自己：能不能把人气拉上来，有一个质的提升。

直到11月5日，我们创造了一个完全突破自己的模式。

一场直播的24小时

> 我来自渴望返回的地方。——但丁

瑜大公子直播间在遥望网络直播基地大楼19楼，门牌上的名字是：**吉更工作室**（"吉更"的意思是，更新每条视频都大吉大利）**瑜大公子直播间**，一侧是瑜大公子的形象海报。

整个直播间600平方米，空间全部贯通，没有任何隔断，直播间从功能上划分为三个区域——

洽谈区：考虑到访客接待，进门处预留了两排座位作为洽谈区（相当于两个开放式会客室）；

样品区：中间区域摆放货架、会议桌等，货架和会议桌上堆满厨具、零食、日化等不同类目的样品；

直播间和工作区：最里面是直播间，近300平方米，瑜大公子坐在背靠大屏幕的位置直播，左右两侧是两排面对面的开放式工位，团队在这个区域办公。

两年时间，瑜大公子团队扩充了5倍；账号粉丝数暴涨到近3000万；直播间最高人气52万人；单个商品，5分钟卖出10万单；单场直播，GMV突破3.68亿元。

大家好奇的是，在这一切背后，瑜大公子是怎样的工作状态？在瑜大公子直播过程中，大家是怎么配合的？

2021年9月27日至9月28日，我们随机选取这一天的24小时时间，全程体验瑜大公子的直播流程。

9月27日

17：00—21：00

考虑到第二天瑜大公子开播，慕卿发布第一条预热视频。

紧接着，慕卿安排人手做直播测试，确保所有设备没有任何问题。

21：00前，慕卿发布剩下的3条直播预告视频，前后两条视频发布时间间隔40—60分钟。21：00以后不再发布视频。

另外，如果当天瑜大公子有直播，且第二天没有直播，这个时间段内改为拍产品预热视频，以及每周2—3条美妆种草类视频，包含广告视频。

9月28日

9：57

瑜大公子来到直播间（最迟不会晚于10：30，从未迟到），坐在直播间座位上，测试直播，检查货品。

直播间斜对面，靠近电梯附近，有一个100平方米左右的房间，是瑜大公子的休息室，休息室里配了办公桌椅、会客区沙发桌椅，墙角处放了一台跑步机。

10：00

团队成员陆续赶到直播间。按照要求，瑜大公子当天有直播，所有团队成员提前赶到公司。如果当天没有直播，可以晚一点到公司。

10：45

开始直播前的准备工作：瑜大公子直播的封面图。直播间大屏幕上投屏："×××专场。"

按照直播级别划分，这场直播属于A级。

梁佳来到直播间，跟开跃在探讨一些细节性的小问题：

咱们现在这样排列，是不是还有一些小问题？×××专场为什么做成了蓝色背景？是不是红色背景更好一些？还有，瑜大的座位两边会不会太拥挤？我们要考虑主播的一些感受……

11：50

直播前10分钟，慕卿带同事做开播前最后一次检查，确保所有设备接口没有任何问题。

瑜大公子正对面的显示屏已经打开，显示屏上显示的是快手第三方直播电商统计工具"壁虎看看"。直播开始后，屏幕上会显示所有实时数据，包括GMV、直播间人气、用户画像、购物链接、上架产品，以及销售数据等。

直播场控、助播、店铺运营、数据运营等相关人员全部到位。核心人员把瑜大公子围成一圈。

针对深度合作的品牌客户，公司会安排品牌方工作人员进直播间。

11：59

瑜大公子准时开播——

"家人们好，让我们一起点点小红心……"

"今天是我们这个月倒数第二场直播，然后我们就要国庆之后再见了……"

"记得把自己的小红心点亮……"

作为场控和助播,不二站在瑜大公子一侧,其他同事站在瑜大公子另一侧。两个女生各举一个KT板,站在瑜大公子背后,到不同环节,就替换成不同的KT板文案。

开跃负责全场直播的场控,控制直播节奏。

店铺组负责人胖慧和同事在不二背后,负责店铺运营。听到主播和助播的口令后,及时上架产品链接。在产品销售过程中,胖慧和晶晶及时播报库存数据。售罄后,根据主播及对接品牌方同事的加货数量,她们第一时间调整最新的库存量。

胖慧有时也会充当助播,冲进镜头,向粉丝介绍产品。

12:00—12:15

开播15分钟,拉升直播间人气。

在直播过程中,瑜大公子反复提醒粉丝:我是电商主播,请大家不要给我送礼物。

开场预热后,需要把人气拉上去,瑜大公子准备送出面前的10台手机。

瑜大公子解释,这10台手机原本是几天前在北京国际电影节直播时答应粉丝要送出去的,结果链接挂不上去,手机没有送出去,今天决定信守承诺,把10台手机送出去。

"如果人气超过10万,加送5台,不,加送10台!一共送20台手机。"

瑜大公子当场将其中一台手机拆封,演示给大家看,在拆封的手机包装盒上签下自己的名字,作为送给粉丝的福利。

这20台手机通过快手官方的抽奖工具"好运来"送出,按照直播间设定的规则:用户只需填上自己的姓名、电话、地址等信息,观看直播满30分钟,即可参加主播的福利抽奖。"好运来"可以防作弊,在类似的官方抽奖工具出来前,主播送奖品福利都是通过口播,实际有没有送,不知道,没有任何监督。

直播开场第15分钟,人气(直播同时在线人数)超过10万人。

拉升人气的同时,瑜大公子介绍×××品牌。在介绍这个品牌时,对于"为什么×××这么值得买",瑜大公子用了一段相同的句式,就像海浪一样层层递进,一浪高过一浪。

瑜大公子:××(化妆品品牌)知不知道?

助播:知道!

瑜大公子：×××他们家的。

瑜大公子：×××知不知道？

助播：知道！

瑜大公子：×××他们家的。

瑜大公子：×××知不知道？

助播：知道！

瑜大公子：×××他们家的。

瑜大公子：×××知不知道？

助播：知道！

瑜大公子：×××他们家的。

……

当然，×××旗下品牌远不止这些，直播间介绍的这些基本上都是他家旗下知名品牌，包括一线、二线、三线，以及三线以外的几十个品牌。

这种反复推进的氛围，这种一浪高过一浪的阵势，无形中有一种魔力，牢牢抓住每一个人的情绪。

在爆发前，每一个人的情绪需要持续发酵、酝酿，就像汹涌的江河水，不舍昼夜地撞击堤坝，在某一刻决堤时浩浩荡荡、奔涌而下。

12:18

1元秒杀，×××小黑瓶精华液。

直播间人气持续攀升，11万人、12万人、13万人……

瑜大公子开始推第一款产品，×××小黑瓶精华液。

这款精华液作为秒杀福利，送给所有用户，1元秒杀，全国包邮，前提是一个快手账户限秒一瓶。如果想多赚这个福利，最好的办法就是拉人头进直播间帮自己买买买，这种福利纯粹比手速、比网速。

第一次，放出来3.3万单，瞬间秒空。

第二次，接着放到5万单，瞬间秒空。

第三次，继续放量到8.3万单，同样被秒空……

这时，直播间同时在线人数超过14万人。

12:22

7.90元福利，16万单。

瑜大公子继续在直播间发福利。这次的福利产品是护手霜：10支装，每支30克，共300克。

换在超市，同样一支100克的护手霜，价格差不多69元，3支200多元。

当天,在瑜大公子直播间,10支护手霜,只要7.9元。

——来,3、2、1,上车!(意思是上购物车,主播在讲解上新产品,喊完3、2、1,店铺运营需要立即将产品上架,而且需要计算好系统滞后7秒的时间。)

助播(大声喊):1号链接!

店铺运营上架16万支护手霜,销售数字飞速飙升。每一个看直播的观众和粉丝都能即时看到手机屏幕上飞速飙升的销售数字,直观感受到直播的魅力。

12:27

×××洗护套装,加货。

开播近半个小时后,瑜大公子正式推出主推的美妆机制(行业术语,即化妆品组合装)。在推主推产品的同时,瑜大公子让胖慧给大家发10万红包(指快币,1快币相当于人民币0.1元,10万快币相当于人民币10000元)。

瑜大公子介绍,在线下超市或线上旗舰店,×××洗护套装300毫升售价48元,500毫升售价66元,今天直播间推出的洗护套装是500毫升,买500毫升洗发水和500毫升护发素,再送500毫升同款洗发水,再送两瓶100毫升洗护旅行装。

在其他任何渠道购买这套组合装需要200多元，在瑜大公子直播间是多少呢？79元。而且，瑜大公子不忘在直播间反复强调：

干性头发受损头发的粉丝，拍橙黄色套装，在1号链接；

油性头发有头皮屑的粉丝，拍绿色套装，在2号链接。

上架产品售空后，瑜大公子问：姐姐们，还能再加吗？

负责跟品牌方沟通的是一个女生，小姐姐在品牌微信沟通群里拼命给品牌方发信息：还能再加吗？能加多少套？

品牌方回复：2000套。

晶晶上架2000套库存，很快售空。小姐姐再次跟品牌方沟通，直播间又加了4000套。

直播前，直播选品跟品牌方沟通确认库存商品数量，包括24小时发货的数量、48小时和72小时发货的数量，如果涉及预售产品，发货周期则延长至7天左右。

如果库存产品全部售空，对接人跟品牌方现场进行沟通，确定能不能加、加多少。这种情况下，有些品牌方需要进行调货，与之对应的则是发货时间相应延长。

12：36

瑜大公子直播间推出××第三代小黑瓶：50毫升，加15

毫升，再送5个7.5毫升（37.5毫升），加起来一共102.5毫升。

在某购物平台，50毫升售价359元，102毫升需要700多元。今天在瑜大公子直播间，102.5毫升只需要299元。

12：56

新国货品牌××冻干粉，价格200多元。今天在瑜大公子直播间，多少钱？

体验价：5元，相当于只收一次邮费，免费给大家使用体验。

新品体验共1800份，收到产品后，需要将真实的使用体验反馈给客服。

另外，除了体验的新品，瑜大公子还送给用户价值69元的气垫和一片面膜。

13：07

第一拨"好运来"，20台手机已经全部送出。瑜大公子准备送第二拨"好运来"福利：挂烫机、电煮锅、电炒锅、电烤箱。

这次"好运来"，瑜大公子共送出1000份电器四件套。

13：30

直播进行到三分之一左右，显示屏上的数据显示：

一个半小时，GMV突破700万元；

直播间同时在线人数在8万人左右，比之前略有回落；

用户分布区域排在前三名的分别是：河北、山东、辽宁……

13：47

直播间一片尖叫。

明星黄子韬穿一身黑色运动装，戴白色遮阳帽、黑色口罩，踩着平衡车进了瑜大公子的直播间，出现在瑜大公子背后。

瑜大公子尖叫：韬韬来了！

直播间人气重新回到11万人。近2个小时时间里，同时在线人数基本上稳定在10万+，中间仅稍有一次回落。

13：55

黄子韬离开瑜大公子直播间。

14：00

2个小时，瑜大公子直播间的GMV突破1300万元。

14:00—17:00

同时在线人数有所回落,后面3个小时直播的GMV大概在500万元。

截至17:00,直播GMV超过1800万元。

开跃和慕卿解释,瑜大公子直播间的用户主要是宝妈人群,下午三四点钟是空当期,这些宝妈要去接孩子放学,然后准备晚饭,大概持续到18:00左右才得空。

这已经成为一条规律和习惯。哪怕是在2020年"双十一"那天,瑜大公子直播间GMV最高峰破3.68亿元,也遇到同样的问题。

这段时间,瑜大公子相对放松,去下洗手间,或者吃吃零食,让节奏慢下来,顺便推荐一些零食等低客单价的福利品,保证直播有序进行。

17:00

瑜大公子结束直播,和同事坐在一起聊天,看上去更显放松。

一个主播的自我修养

> 在舞台上不能为奔跑而奔跑,不能为痛苦而痛苦。在舞台上不要『一般』地动作,不要为动作而动作,动作要有根据。
> ——斯坦尼斯拉夫斯基

直播不开美颜

从美图秀秀开始,美颜大行其道,深受大众喜欢。到了短视频直播时代,美颜和滤镜功能更加完善。网红主播开直播或录制视频时,大部分人会使用平台自带的美颜和滤镜功能。

曾经,有个主播在直播间演示,关掉美颜和滤镜,能够很清晰地看到脸上的雀斑、痘痘和肤色。打开美颜和滤镜,雀斑、痘痘顿时不见了,皮肤光滑白皙,脸型瘦成V字形的网红脸,没有任何瑕疵。

自第一次开直播以来,瑜大公子就坚持不开美颜和滤镜功能。

原因很简单,美颜和滤镜一般自带瘦脸功能,开了美颜和滤镜,产品在镜头前会变形,妆色会失真。

站在消费者角度看,这种体验非常糟糕。

瑜大公子说得最多的一句话是：作为一名美妆主播，如果不能把自己的皮肤护理好，不能把自己的妆面画好，有什么资格告诉粉丝应该选择什么样的产品，需要什么样的化妆方式呢？

显然，如果美妆主播不开美颜，产品是怎么样，就是怎么样；妆色是怎么样，就是怎么样。

这更加接近真实本身。

否则，主播在直播间演示的彩妆是深红色，加了滤镜后变成玫红色，同一商品非常容易出现买家秀和卖家秀的区别。

不开美颜的目的就是为了做到买家秀和卖家秀尽可能一致，虽然不能说100%一致，但至少也要99%相似，从某种程度上，也能降低用户的退款率，减少售后问题。

毕竟，直播间的灯光（最好接近更真实的自然光线）等因素对产品也会造成细微影响。

电商主播不同于以往的秀场直播：秀场主播靠粉丝打赏赚钱，需要美颜和滤镜衬托出高颜值；电商主播靠卖货，用户关心的不是颜值，而是货品。用户并不过度介意主播脸大还是脸小，眼睛长得好看还是不好看。毕竟，每个人的审美不尽相同。

每个星期敷两次面膜就够了

熟悉瑜大公子的粉丝和用户都知道,瑜大公子一旦在直播间卖面膜产品,一定会反复强调一点:每个星期敷两次面膜就够了。

在这之前,很多女生对敷面膜的认知是:皮肤需要保水保湿,每天敷面膜,皮肤明显更加水嫩、光滑、白皙。很多主播为了销售更多面膜,恨不得用户每天多用几张面膜才好,这样可以拉动直播间的面膜销量。

但瑜大公子坚决反对。他从美妆专业角度指出,有个名词叫水合过度,或者过度水合。哪怕一块海绵在水里泡30天,都会发霉、变烂,更何况是人的皮肤呢?

所谓护肤,护理的是皮肤表面,进不到皮肤基底层,皮肤本身是最好的防御工具,可以抵挡很多细菌、油脂等入侵。本质上,用户做皮肤清洁、补水保湿,包括给皮肤上粉底液,都是做在皮肤表面,让皮肤更加容光焕发。

如果正常的皮肤天天敷面膜,很容易水合过度,皮肤会变成敏感肌,很难承受护肤品带来的一些刺激,容易泛红、刺痛,甚至长痘,有可能未来要经常去看皮肤科医生。

有的主播希望在直播间卖出更多的货,但对瑜大公子来说,他希望粉丝用得好,能够回直播间复购。

除此以外,瑜大公子在直播间经常提醒粉丝:

> 如果你不用就不要买,想一想你办的健身卡,一年去了几次;想一想你办的游泳卡,一年去了几次。今天在我直播间的产品,如果你们不用的话就不要买。

真诚是一个主播最重要的品质

经常看直播的人很清楚,很多主播在直播间演戏、玩套路,用各种方式欺骗用户,目的无非两点:一是拉升直播间人气,拉时长,提升直播权重;二是让用户认为主播非常真诚,促成电商成交转化。

曾经有一个主播在直播间销售黄金首饰,运营人员拿出10台最新上市的××手机(每台手机价值近万元),在直播间哄抬气氛,告诉大家:人气到了10万以上,我们开始抽奖送手机。有时为了凑人气,甚至找第三方平台帮忙刷单。

结果,真的等人气超过10万,开始送手机环节,内幕操作开始了:通过各种连哄带骗的操作,告诉粉丝,手机已经送出去了,送给某某用户。这个某某用户就是自己的运营。

也就是说，手机转了一圈又回来了。

这招屡试不爽，运营团队这样操作持续近一个月时间，粉丝量确实涨上来了，销售额也提升了，但是并没有大的突破。

后来，直播平台推出抽奖工具，就是为了防作弊。

瑜大公子对作弊非常痛恨，他自己就是做销售出身，销售的服务逻辑是增加用户信任，销售的服务逻辑应用到直播上也是一样，真诚才能增加信任感。

一款产品不能为了销售而销售，主播要明确告诉粉丝，买了怎么用，有哪些注意事项，哪些人群不能用。主播一定要真诚，粉丝才会愿意相信你、跟随你，用户感受到这个东西好，自然会回购。

2021年9月21日，第十一届北京国际电影节的第二天，正巧赶上中秋节，瑜大公子在直播间推荐一款水杨酸的精华液。

经过一些主播的直播推荐，刷酸突然流行起来。这是将酸类物质，比如果酸、水杨酸等，涂抹于脸上，这些物质具有腐蚀作用，根据浓度的不同可腐蚀的深度也不同，腐蚀的目的是让皮肤长出新的表皮，甚至可以刺激胶原蛋白的形成。这在医院由专业医生操作，那就称为"换肤"了。

为了涨粉、增加销量，很多主播夸大宣传，号称自己是刷酸小王子、刷酸天后。有的主播不懂美妆，甚至抄袭别人的稿子，进行洗稿。

瑜大公子在直播间告诉粉丝："产品刷酸不是一两个月能有效果的，我到现在已经用了整整10年。"

说完，瑜大公子打开自己的手机淘宝，找到自己在2011年购买产品的链接，给直播间粉丝确认，包括10年以来的购买记录和使用心得，让粉丝更清楚早晚刷酸的优缺点。客观地说，刷酸是有用的，但因人而异。瑜大公子用了10年以后，痘痘变少了，但没有像有些人说的那么夸张：皮肤一下变白了，斑点没有了，痘痘消失了。

即使刷酸，皮肤上该长痘还是会长痘，只不过没有以前那么厉害了。

这就是瑜大公子的"真诚"直播之道。

提前一分钟开播

主播为什么要提前一分钟开播？

这是做直播运营的人都知道的道理。大部分人的解释是，因为开播时会有很多秒杀福利，很多粉丝会选择预约直播，到了时间，平台会给粉丝弹出对话框，推送消息。但如果准点开播，到了用户这里会有7秒钟延迟，所以一般主播会选择提前开播。

真的是这样吗？

——当然不是。

瑜大公子的回答是：提前一分钟开播是对粉丝的尊重，因为是我在等用户，而不是让用户等我。

——我要在直播间等他们进来。

事实上，虽然直播会延迟7秒，但也没有必要提前一分钟开播。然而两年多以来，瑜大公子坚持每次提前一分钟开播。

瑜大公子的自律中体现出对用户的尊重，让人感动。

孕妇不建议使用彩妆产品

瑜大公子直播间经常会出现一些孕妇人群的购买咨询：孕妇到底能不能用化妆品？需不需要化妆或护肤？有什么需要注意的地方？

女性在怀孕过程中，根据体质的不同可能会有一些过敏反应，怀孕后对某种气味或某种水果突然过敏，这是因为妊娠反应导致皮肤脆弱，或身体免疫力降低。

孕妇群体要护肤，需要正确选择合适的产品，以及成分安全的产品。比如，进行基础的补水、保湿、防晒、清洁，但不需要过多美白,或进行剥脱类的刷酸,这些对皮肤有刺激性。

在瑜大公子看来,女性怀孕本身对整个人的身体状态已经有很大的影响,有些人反应严重到出现呕吐。这时候,女性应该静下心来好好对待自己,好好对待孩子,不用过分保养美白。

瑜大公子在直播间的原话是——

孕妇和哺乳期女性不建议使用彩妆产品,如果是单纯的补水保湿,并且对该品牌没有过敏反应,可以尝试,如果不确定就不要用。怀孕的时候你已经是世界上最美的女人,你在做这个世界上最伟大的事情——孕育生命。

在这个过程中,女性需要把营养分给孩子,可能会觉得脸部蜡黄,肤色不均匀,人也变丑了。但你们不觉得这是最美的吗?世界上最重要的两个事情是生和死,没有什么比生和死更重要的。你现在做的是生,是创造一个新的生命,没有必要受到外界的任何干扰。

用户不是上帝，是家人和朋友

20世纪50年代，随着社会生产力的迅速发展，市场趋势表现为供大于求的买方市场。许多企业逐渐意识到，必须转变经营观念才能生存。在这样的背景下，市场营销观念产生了，强调围绕客户需求，制订生产和销售计划。这种观念转变的直接结果就是：用户成为上帝。

更多时候，这句话表示对用户的尊重。

但瑜大公子不这么认为，在给学员培训时，他强调的是：用户不是上帝，是家人和朋友。

——如果把用户当成上帝，意味着你会害怕他、惧怕他，觉得他说的一切都是对的，但很多时候用户不一定是对的，你要给予正确的引导。

事实上，在直播过程中，瑜大公子坚持平等视角，把粉丝当成家人、朋友，和大家平等对话。

——我们如何对待自己的家人、朋友？用这种标准对待粉丝、对待用户，就是对粉丝、对用户最大的尊重。

正因为这样，瑜大公子认为坚决不能让粉丝失望。如果商品、物流、售后等任何一个环节出现问题，瑜大公子会直接冲团队同事发飙。

起初，团队并不重视快手平台瑜大公子账号的用户私信。瑜大公子坚持自己看私信，回复私信，实在忙不过来时，才让团队客服帮忙处理粉丝的私信回复。粉丝在平台上不一定知道如何找客服，但他们最方便的就是给瑜大公子发私信咨询。

私信如果接触不到客服，说明客服是有问题的，团队的工作是有问题的。

后来，私信被列为客服团队服务很重要的一环。有人24小时盯私信，有粉丝私信询问售后问题，按照瑜大公子的要求，必须在最短时间内响应，遇到问题该道歉就道歉，没有什么可狡辩的，一切以粉丝的利益为重。

正确理解粉丝的需求

在直播过程中，主播作为意见领袖，充当了中间桥梁的角色，通过自己的专业筛选，推荐更多好物给粉丝。在选品和品控过程中，必须注重粉丝的感受，正确理解粉丝的需求。

如何做到正确理解粉丝的需求？

瑜大公子经常在直播间跟粉丝说：你们想要的东西可以在评论区告诉我，我会尽量满足大家的需求。

曾有品牌方拿来一个像喷雾一样的东西，说是能把水分打到皮肤基底层。瑜大公子直接拒绝了,他跟粉丝开玩笑说:你试试把水放在脸上,拍拍看,拍不拍得进去?

不要给用户制造焦虑

在浏览网络信息时,我们经常看到类似这样的推文:"衣服越洗越脏,洗衣机用3个月,细菌量竟是马桶的530倍?用它一泡,干净如新!""3个月不晒被子,100万螨虫陪你睡,用这个产品可以快速去螨!"……

这种推文通过贩卖焦虑、制造焦虑,让用户产生恐慌心理,为了解决问题,花钱购买产品。

这些产品真的有用吗?恐怕多数产品是没有任何效果的。

同样道理,很多主播在直播间为了销售产品,给粉丝制造焦虑:销售美妆产品时,制造容貌焦虑;销售母婴产品时,制造养娃焦虑;销售抗衰老产品时,制造年龄焦虑……

瑜大公子非常反感这种做法。他认为遇到任何问题,应该有针对性地指出护肤中的难点和痛点,并且提供有效的解决方案,但不能给用户制造焦虑。

应该承认,真正好的产品或服务,一定是解决用户焦虑,而不是制造焦虑。

瑜大公子的美妆和礼仪必修课

> 时间对我们这些匆匆过客是相当仁慈的,它让我们相信今天是所有日子的元日,让我们希望今天像蔬果店里的颜色一样愉悦。
>
> ——爱德华多·加莱亚诺

第一节　瑜大公子的美妆必修课

作为一个美妆主播,瑜大公子的妆容非常干净清爽,这符合他一贯崇尚的极简主义理念。

无论男生还是女生,无论南方还是北方,瑜大公子给出的护肤标准就六个字:清洁、保湿、防晒。这个标准适用于所有人,能解决绝大部分皮肤问题。

当然,人的皮肤状态不单是护肤品能决定的,所在城市的温度气候、饮食习惯、作息习惯,也会导致皮肤出现各种各样的问题。比如生活在北京,经常比较干燥;生活在海南,肤色相对来说比较暗沉,有一些斑斑点点。

清洁很好理解,把脸洗干净,包括选择适合自己肤质的卸妆产品,或者用洁面类产品洗干净。

保湿就是给皮肤补水。

防晒是抗衰老直接有效的手段之一。在紫外线的过度照射下，皮肤会出现蜕皮、长斑、变黑，这其实是皮肤里的黑色素细胞释放出黑色素，避免紫外线对皮肤造成伤害。

实际上，清洁、保湿、防晒也是护肤中的三个基本步骤。

1. 清洁

清洁分为两类，一类是正常清洁，一类是过度清洁。

干性皮肤的用户，最忌过度清洁。很多干性皮肤的用户，之所以后来会变成敏感肌，就是因为过度清洁。瑜大公子建议这类用户早上起来不需要用洁面乳洗脸，直接清水洗脸就可以。

到底怎么样是过度清洁？早上起来感觉干燥，有紧绷感，还在用强力的清洁产品，这就是过度清洁。

油性皮肤建议早晚使用温和类型的洁面产品，早上可以用氨基酸类型或者氨基酸复配皂基（氨基酸表面活性剂）的洁面产品。

瑜大公子说："相对来说，现在市面上有APG[①]类型的洁

[①] Alkyl Polyglucoside 的简称，一般指用葡萄糖和脂肪醇合成的烷基糖苷。常温下呈白色固体粉末或淡黄色油状液体，在水中溶解度大，较难溶于常用的有机溶剂。

面乳,既兼具皂基的清洁力,又兼具氨基酸的温和性,还具有一点辅助的功效,当然,如果化了彩妆还是要用专业的卸妆产品,这也是我本人最喜欢用的一种类型。可能很多人不喜欢这种微起泡,像凝胶一样的质地,洗完之后会有顺滑感。"

2. 保湿

瑜大公子的保湿理念就四个字:保湿即停。意思是感觉到皮肤的湿润度已经够了就停止,不用过多涂抹或重复涂抹相关产品。

现在很多人的使用习惯是一整套的保湿流程,商家在卖货过程中,希望用户用一整套爽肤水、精华液、肌底液、乳液、面霜、导入液等进行保湿。

事实上,对大部分人来说,如果要化妆,早上起来涂一个爽肤水,再用保湿力足够的精华或乳液即可,特别是油性皮肤用户。

——如果是干性皮肤,就看是否需要加强保湿,可以使用一些霜类产品来加强保湿。所以,不论什么年龄,都需要做保湿。

但保湿是有限度的,不需要涂太多东西,如果觉得洗完脸涂个乳液就够了,那就涂一个乳液。如果是干性皮肤,觉得单涂乳液不够保湿，可以用面霜。面霜里面含有油脂的量比乳液要大，可以相对起到很好的封闭性，就像一杯温水，盖子打开的时候它会凉得更快，盖子盖上它凉得慢，面霜就是这个作用。

有的人对保湿的理解是拼命补水，做面膜。其实是进入了一个误区，实际上面膜每个星期敷两次就够了，不然就会水合过度。敷完面膜，感觉皮肤变好了，属于即时的水合效果。就像手泡在水里，泡涨了自然就变白了。

最怕的是，有的商家会加二氧化钛[①]，像散粉粉饼里的一种着色剂，感觉让皮肤变白了，洗完脸，又打回原形。

瑜大公子说——

> 对美妆主播来说，保湿特别简单，买一瓶最实惠的化妆水，再买一瓶B5（维生素B_5）精华液，B5精华液有很好的锁水性。我早上用化妆水，再滴两滴B5精华液，直接涂脸，我不需要涂任何精华，面霜和乳液就够了。

---

① 一种无机物，化学式为TiO_2，白色固体或粉末状的两性氧化物，具有无毒、最佳的不透明性、最佳白度和光亮度，被认为是现今性能最好的一种白色颜料，广泛应用于涂料、塑料、造纸、印刷油墨、化纤、橡胶、化妆品等工业。二氧化钛有较好的紫外线掩蔽作用，常作为防晒剂掺入纺织纤维中，或加入防晒霜膏中制成防晒化妆品。

化妆水很便宜，爽肤水大部分是水，用喷雾也可以替代，可以选择B5类型的精华液，B5在化妆品里面应用的范围很广泛，很多护发素里面就有B5，洗发水里面也会有，便宜的可能就三四十元，贵的一两百元到几千元都有。

3. 防晒

防晒包含化学防晒和物理防晒，防晒剂也分为两类。化学防晒是指通过涂抹的方式起到防护部分紫外线的作用，比如防晒霜。还有一种纯物理防晒——戴墨镜、打遮阳伞、戴帽子，能不晒就不晒，最好待在房间里，房子是天然的防晒屏障。

防晒霜有物理防晒剂和化学防晒剂两类。化学防晒剂有很多种，瑜大公子基本上不推荐孕妇购买纯化学防晒剂的防晒霜，尽量选择物理防晒剂的防晒霜。

两者如何区分？

——纯化学防晒剂的防晒霜肤感会更清爽，涂在脸上之后是一种透明的状态，或是接近于一点点乳白色的状态。这是纯化学类型的防晒剂，它的作用原理是把紫外线吸收到皮肤里，变换成另一种比较短的波长放射出去。

——物理防晒剂的防晒霜里主要的成分像氧化锌、二氧化钛，其作用就是在皮肤上形成盾牌一样的屏障，紫外线过来，就把紫外线反射出去。氧化锌、二氧化钛在自然环境中是白色的，所以有一些防晒霜涂在脸上会很白。

但两者都有弊端，化学防晒剂偏刺激，对敏感肤质的人来说，如果涂在眼睛周围，可能会感觉想流泪；物理防晒剂容易假白，防晒霜一定要涂够剂量，才能起到很好的防护作用。很多女生用防晒霜的时候在皮肤上点几下，涂抹开，这样起不到任何防晒作用。正确涂抹防晒产品，理论值应该涂一元硬币大小的用量，如果替换成物理防晒，皮肤会很白。

如果去海边沙滩，暴露在外面的皮肤全都需要涂防晒霜，防晒霜用起来就很快。正常待在杭州这样的城市里，瑜大公子一个夏天也要用掉很多瓶防晒霜，因为他的习惯是暴露在外面的皮肤都要涂防晒霜。如果想达到很好的防晒效果，首先剂量要够，剂量不够，等于白涂，因为防晒理论上是会衰减的，皮肤出油出汗之后也是会衰减的。

除了物理防晒剂和化学防晒剂，现在还有一种物化结合的喷雾，它是水油分离的，下半层是透明的化学防晒剂，上半层是物理防晒剂。用前摇一摇，在脸上涂一枚硬币大小的量，假白的感觉不会太强烈，油膜感也不会太强烈，相当于两者的综合。

防晒霜是否油腻取决于防晒指数高低，防晒指数越高越油腻，这个是无法改变的事实，防晒指数越高，油膜感会越强。

当然，大部分防晒需要卸妆。

我们经常在防晒霜的瓶子上看到SPF值和PA[①]值，它们能反映一种防晒霜的理论防晒时间，到了防晒时间，需要重新涂抹防晒产品。所以防晒霜不是一劳永逸的，而且再强力的防晒，也不能按照理论时间计算，因为人的毛孔会分泌油脂、汗液，往往达不到理论的防晒时间。

如果是单纯SPF[②]值比较低的，比如SPF 15的防晒霜，不防水，碰到水或汗之后需要及时补涂，用洁面乳就可以洗干净。有些商家为了卖货，给用户制造焦虑，要用户每一次涂防晒霜后都卸妆，目的是多卖一个卸妆产品，先卸妆再洁面。

如果在暴晒的情况下，瑜大公子建议涂SPF 30以上的成膜剂，差不多可以保护一天。如果担心防晒时间不够，女生

[①] Protection of UVA-1，指的是防晒指标。它以＋、＋＋、＋＋＋三种强度来标示防晒程度，"＋"字越多，防晒效果越好。

[②] Sun Protection Factors，防晒指数，是防晒化妆品保护皮肤，避免日晒红斑的一种性能指标。SPF后面的数字是指紫外线对皮肤照射不致伤害的时间范围。一般来说，数字越高，代表抵御紫外线的能力越强。假设一个没有任何防晒措施的人，如果待在阳光下20分钟后皮肤变红，那么当他采用SPF 15的防晒霜，则可以延长15倍的时间，即300分钟后皮肤才会被晒红。计算方式为：20（分钟）×15（SPF）＝300（分钟）。

出门建议带一个SPF 15或SPF 15以上的粉饼，补防晒很方便。如果化了妆之后，有粉在表面，不可能把乳液状的防晒霜涂上去，整个妆面会花，只能用粉状的产品补防晒。其实化妆用的很多粉底液里也含有氧化锌和二氧化钛，这两者有辅助防晒的作用。所以，化妆在一定程度上可以保护皮肤。

瑜大公子说——

很多司机经常遇到一个问题：左侧的皮肤检测出来比右侧更老。

这是因为司机在开车过程中，左侧靠窗位置经常晒到阳光，接触紫外线。这也是为什么很多人坐在办公室里，如果工位靠窗，也需要注意防晒。这种情况下，建议手上戴防晒的冰丝袖套，或是有防晒作用的袖套，进行物理遮挡。当然，穿衬衫也可以，属于物理遮挡。

防晒类产品推荐大家尽量选择大厂的品牌，大厂更有优势，一分钱一分货。二氧化钛和氧化锌处理很好的工厂能够把粉体打得很细很细，会减少防晒产品涂抹在皮肤上的假白。

如果是上班族，每天只是在下车途中晒到太阳，或者回家等车途中晒到太阳，不是夏日暴晒的情况下，秋冬季用SPF 15的就够了。

如果是孕妇,我推荐硬防晒:戴帽子、打遮阳伞、穿长袖,迫不得已的时候涂一些物理防晒剂。

作为美妆主播,我不推荐特定品牌的防晒产品,因为每个人的肤质不一样,你用很好,可能他用就不好。肤质是很神奇的东西,千人千面,没有人是一样的。

针对美妆护肤产品,瑜大公子再三提醒,大家购买时注意成分——

如果想美白,原型VC(指维生素C)、VC衍生物,或者烟酰胺、光果甘草、377[①]等,都具有美白功效。美白有四大通路,只是用VC还原表面的色素是没用的,还要有水杨酸或果酸,帮助剥脱老废角质,才能达到很好的美白效果,包括需要像377这样的成分抑制黑色素。具体看自己更适合哪种。

如果要抗衰老,可以选择多肽类,或A醇类成分的品牌产品。大家关注保养本质上更多是为了延缓衰老。很多人脸上有斑点瑕疵,靠化妆品是做不到根治的,可

[①] 全称苯乙基间苯二酚,它可以改善肤色不均,降低紫外线照射肌肤引起的黑色素沉淀。

以通过人工的方式进行干预，比如激光手术。

必须承认，大部分人的容貌焦虑源于衰老。年轻时可能会觉得黑一点不好看，有斑不好看，过了30岁以后，一旦发现脸垮了，肉松了，法令纹出现了，泪沟凹陷了，面颊塌陷了，就难免会有些焦虑。这些靠护肤不能解决，哪怕年轻的时候用多肽类的护肤品刺激皮肤，让自己看起来更好，也无法让时光倒流。

第二节　瑜大公子的礼仪必修课

一个人想要有所成就，离不开外在形象和内在修为，而礼仪必修课需要做到内外兼修。很多人可能会觉得，内外兼修只是一句广告词，没有任何实际意义，事实上，这是一门值得穷尽一生的学问。

大部分人的误区是，从事礼仪或客服前台等行业的人员才需要注重形象礼仪，实际上形象礼仪渗透到每一个人生活和工作的方方面面。不论是对于从事直播电商的主播，还是职场人，甚至于进行商业上的洽谈合作，礼仪都是最好的敲门砖。

都说好的形象能带给一个人更多机会，礼仪更是如此。

生活里有个开理发店的朋友,将自己二十年的生意经验总结为一句话:人啊,最怕的是客气。客气就是礼仪中的一部分,是人与人交往中最直接的情绪表达。

在瑜大公子看来,一个人单有精致的妆容是不够的,还需要有得体的言谈举止。这是每个人的人生必修课。护肤美妆只是礼仪必修课里的一堂课,可以提升一个人的外表容貌,而言谈举止则是修炼人的气度。

归纳下来,瑜大公子礼仪必修课的核心标准同样也是六个字:妆容、言谈、举止。

在企业工作的七年半时间,瑜大公子做了三年前台销售服务岗,四年半礼仪培训师。做前台时,瑜大公子开始从师傅那里学习礼仪和化妆。转岗以后,瑜大公子做了礼仪培训师。除了企业内的营业厅培训,他还对外给杭州的很多政府部门和企事业单位做过礼仪培训。

礼仪培训一般分大小课。如果是大课,三天理论知识,最后一天时间训练仪态;如果是小课,半天理论知识,半天现场仪态教学。

从某种意义上来说,我们每个人都应该给自己上一堂礼仪必修课。随着社会进步和时代发展,所有工作本质上都是服务行业,只是我们服务的对象不一样。

1. 妆容

妆容很好理解，就是干净的外表。大部分人在皮肤上遇到斑斑点点、痘印、肤色偏黄、肤色不均匀等问题，做个简单的底妆就可以了。用适合自己的底妆产品打底，画下眉毛，就很精神了，最多再涂个口红。

日常妆容尽量选择淡妆，足以满足正常情况下人与人之间的交流，适当的妆容能够提升一个人的气质。

妆容不仅表现在化妆上，还体现在头发干不干净、有没有头屑、身上有没有异味、衣服衬衣的领子干不干净等细节上。

对于偏服务型的女生要自己学会化妆，并且养成化妆习惯。培训老师会针对她们的妆容帮她们改妆，让她们慢慢学会化职业妆。

尤其是前台受理岗位，大家的妆容需要达到一致，符合统一的标准。

——女生一定要画眼线、眼影、眉毛、口红，女生的头发不能散落下来，必须全部扎头花，发髻要跟耳朵斜向上45度角扎起来。如果头发要散落下来，就把头发剪得跟男生一样短。

——男生干净清爽，打个底就可以，但一定要眉毛和头发干净整洁，做发型、打领带，不能留刘海。要么是寸头，要么全部向后梳成大背头。瑜大公子以前在前台岗的时候梳的就是大背头,把脑门露出来才显得足够清爽。

这家企业通过师傅带徒弟的方式对所有员工进行统一培训,上岗前集中培训一周左右,包含系统操作、理论知识、仪容仪表、实操。

给新员工培训,其中最基础的一项服务就是微笑。微笑有三度。第一度微笑以示友好,就像春天里的暖阳,是一个浅浅的微笑。第二度微笑嘴角上扬表示相识,朋友亲近的关系,进一步拉近跟用户的距离。第三度微笑要露出八颗牙齿的微笑。可如果是刚接待不认识的用户,就起立迎客露出八颗牙齿,会让用户对你产生戒心,怀疑你要骗他的钱。

2. 言谈

适当的谈吐和用词是很重要的。一般来说,对用户用词需要全部用敬语,比如"您好""请""谢谢"等。

瑜大公子在他曾经工作过的那家企业,一直都是以这样的规范来要求自己——

"您好,请坐!"

"您好,请问您需要办理什么业务?"

"您好,请在这里签字。"

"收您100元,找您20元。"

"这是给您的发票,请您拿好,请点清!"

"再见,欢迎下次光临!"

3. 举止

举止主要指人的肢体语言,简单说就是待人接物的状态:接物、递物、站姿、坐姿等。

以前台服务岗为例,在举止上需要做到以下细节:

起立迎客的时候一定要45度鞠躬;

询问用户的过程中,跟用户有眼神交流,交流过程中保持良好的口气,保证身上没有异味;

业务受理后,打印好受理单,双手递给客户,让客户签字,指引客户签字的时候不能用点的方式,一定要手指在单页上平行划过,用户看不到可以拿笔在签字的地方圈一下。受理单页时,需要刷卡,或是给用户接拿卡片、单页等承接物品的时候,必须双手接、双手递。卡片、单页等承接物品,必须让用户看到的是物品的正面;

唱收唱付过程中保持跟用户用眼神交流;

办理完业务,起立,鞠躬送客。

外在表现是给别人的第一印象,第一印象至关重要。不论是大学生毕业找工作,还是在企业里述职,外貌不要求多好看，但一定要干净清爽。同样的条件下，干净清爽的人，胜算一定更高。

在合适的场合穿合适的衣服。为什么我们一年四季都穿工作服？对用户来说，统一的服装，能直接提升用户对其专业度的认同程度。

男士的西装、衬衫、领带，长短尺寸等都有严格的要求。有些岗位需要帮别人打领带，或自己打领带。领带是特别商业的行为细节，不同的领带、不同的领带结，代表出席不同的场合。男生不管身高多少，领带垂下来一定要到上衣下面第一颗扣子这里，不然就要重新打。

瑜大公子记得，他给新员工培训的时候，作为讲师，扮演成客户故意刁难。新员工往往被吓得忘记应该说什么话了，即使记得，言谈举止也很机械。工作一段时间以后，遇到类似的问题则会镇定自如，因为经过反复练习，已经变成一个习惯。

强迫自己重复同样的言行举止，长期始终如一地做一件事情，强迫把这些东西背下来，时间长了就会成为习惯。这对以后的工作和成长有很大帮助。

瑜大公子所有的礼仪习惯都是在那时候逐渐养成，并保持到现在的：

面对任何人，双手接、双手送；

指甲剪得很干净，以防接触过程中划伤对方；

跟人打招呼，比如接快递员的电话也是用敬语："喂，您好！"

快递员说："快递放这里了。"可能很多人觉得理所当然，回复："我知道了。"但瑜大公子的回复是："好的，谢谢。"

不熟悉的情况下，我们往往通过这些细节，对一个人做出初步判断。服务岗人员每天跟不同的人打交道，要让第一眼见到你的人信任你，觉得你是一个好人，只能通过这些礼仪细节。

除了这些习惯，瑜大公子的网盘里还保存了自己培训时制作的课件资料，包括在企业工作七年半的工作资料。

在其中一份培训课件上，瑜大公子谈到我们可能面对的不同用户类型：对服务不满型、喋喋不休型、固执己见型、感情用事型、有备而来型……面对不同的用户，有不同的应对方式和处理技巧。

下篇 运营之书

构建直播电商的五道护城河

> 从远处看,一座城市就是一座城市,一片郊野就是一片郊野,然而当我们走近时,有房子、树木、砖瓦、树叶、小草、蚂蚁、蚂蚁的脚等,无穷无尽。
> ——帕斯卡尔

第一节 第一道护城河：主播&团队

拼多多创始人黄峥在一篇文章中写道：巴菲特在谈到投资标的时，常会提到一个概念——生意的护城河（moats）。如果把创业过程中的各种决策都当作是投资决策，那么我们得去分辨我们用时间和钱换来的东西，哪些是资产（asset），哪些是费用（cost）。那些随着时间流逝对加深生意的护城河有利的往往是"资产"，那些时间越久对自己越不利的可以看成是费用。

按照这个标准，瑜大公子和他的团队是直播电商项目中最核心的"资产"，他们构建起直播电商的第一道护城河。

作为主播，瑜大公子从零开始，经历了一次次挑战和磨砺，不断突破自己，成长为快手头部主播。他的团队同样以他为中心，每个人都为此付出全部的热爱和努力。

2019年7月,瑜大公子团队初期只有5个人,每个人身兼多职。

截至2021年10月,瑜大公子团队已经扩充到24人,包括4个组——内容组、直播组、店铺组、经纪组。每个组分别有一个负责人,即组长。此外,直接服务于瑜大公子的同事(包括投放、招商等)超过200人。

内容组负责瑜大公子日常的内容产出,包括每周2—3次内容视频,以及直播预告、直播花絮等视频。根据直播节奏,确定视频发布的时间和频次。

慕卿直接负责瑜大公子的账号运营维护,根据直播类型,发布视频数量会做相应调整:比如S+级直播,就要发布至少20条视频。

2021年2月27日,女神节首战直播,也是春节后第一场直播,7天时间,慕卿一共发布106条视频。(2021年5月起,快手调整规则,每天最多只能发布10条视频,在此之前,每天发布视频不限数量。)

在团队配合中,直播组提出直播主题或产品需求,内容组配合主题需求制作内容,然后发布和运营。

反过来,内容组也会反向给直播组提需求。比如直播组需要发布某品牌产品的福利,内容组觉得这个品牌产品不够好，换另一个产品可能跟这场直播的契合度更高，对粉丝更友好。

直播组一共9个人，不二是直播组组长，在直播过程中，负责给瑜大公子递产品。

当店铺组需要上架产品时，助播配合主播的节奏，跟店铺组互动，清楚店铺运营的数据，及时做出调整：是否按照主播的需要将产品拉满（这是瑜大公子发明的专属词汇，意思是不要学有些主播和运营玩套路，故意销售限量产品，搞饥饿营销。而是了解实际有多少库存，哪怕是调货，也要把所有产品全部上架）；24小时发货的产品已经售完，还有没有48小时、72小时，甚至预售7天内发货的产品需要上架。

按照直播级别，A级直播偏品牌专场和各种主题专场，直播间产品以新品为主。遇到S级和S+级直播，把过去积累一个月甚至几个月的爆款产品上架，GMV数据就会冲得非常高。

在直播时间上，A级直播一般播4—5个小时，SKU[①]控制在40—50个，有些产品会返场（前面销售数据较高，后面重

---

① Stock Keeping Unit，库存量单位，即库存进出计量的基本单元，可以是以件、盒、托盘等为单位。现在被引申为产品统一编号的代称。

新返场进行二次销售）；S级和S+级直播一般播12小时或12小时以上，SKU超过100个。

胖慧负责店铺运营，一方面对接快手官方，进行直播报备、流量资源申请，另一方面对接商家，确定产品链接，确保直播中不能出现任何问题。直播前两个小时，胖慧会再次测试和确认直播中的选品链接，至少把每个产品链接检查四五遍。

除了这些，胖慧还会在瑜大公子无暇分身时，帮忙出镜拍摄产品预热视频。在直播过程中，粉丝最熟悉的人除了瑜大公子，就是胖慧。

瑜大公子在直播过程中经常说的几句话是：

来，胖慧，3、2、1，上链接！

请胖慧阿姨发红包！

……

经过瑜大公子一次次推荐，胖慧成了瑜大公子直播间粉丝最熟悉的人。有时候，胖慧会冲进直播间跟瑜大公子抢着推荐产品，有时瑜大公子需要中途离开，胖慧帮忙做直播。

跟另外3个组最大的不同是,经纪组主要服务于瑜大公子。他们几乎包揽了瑜大公子工作和生活的方方面面:参加《时尚芭莎》的活动,出席第十一届北京国际电影节,参加快手真心夜活动,参与制作发行音乐《瑜你同行》,负责瑜大公子上下班接送……

说起瑜大公子和他的工作室团队,梁佳最有发言权。瑜大公子工作室的负责人开跃就是她面试招进来的。

2018年11月6日,快手电商节第二天,谢如栋决心进入直播电商赛道,交代给梁佳的第一件事就是:赶紧招人,"双十一"前要求人员到位!

短短几天时间,梁佳把人招到位,快速组建直播运营团队。实际上,这时候直播电商是什么,梁佳心里完全没谱,更没有方向。初期,他们每天到快手上通过私信找主播沟通,花钱合作一批主播,结果并不理想。

直到遥望网络签约明星王祖蓝,团队才慢慢找到直播电商的感觉。王祖蓝打响了明星直播电商的第一枪,第一场直播10分钟卖出10万单面膜,整场直播GMV超过1000万元,引发极大的关注和轰动效应。

2019年7月,梁佳向方剑请示,希望做素人孵化,方剑点头同意。

由此开始,梁佳带领快本工作室的小伙伴们在直播电商领域渐入佳境。她大概不能想象,自己能够担负起项目运营总监的角色。在过去十几年里,她一直担任人事工作。

遥望网络由此开始一路打怪升级的直播电商时代。瑜大公子和李宣卓在赛马机制中杀出重围,成为快手头部主播,标志着遥望网络牢牢占据直播电商时代的制高点。

据第三方数据统计,无论在抖音还是快手,遥望网络都是MCN机构第一名(在快手MCN机构排名第一;含非MCN机构的排名,遥望网络排在第二名)。

谈起这个团队,梁佳用了一句话概括:时至今日,初心未改。

直播以来,店铺运营中从未出现过任何问题,梁佳觉得纳闷,在最容易出纰漏的环节,为什么能做到如此严谨?让胖慧给大家分享,胖慧说:

> 从心底深处,你要是爱他的,爱瑜大,爱这个账号,不允许任何错误出现,也不允许任何人有任何失误。

梁佳觉得,这个团队是一个能打仗又有人情味的团队。

到目前为止,这个团队是有革命友谊的,是拆不散的,包括跟瑜大公子的链接,跟公司的链接,跟团队之间的链接。

做直播电商以前，大家都有假期。做了直播电商以后，大家假期不固定，于是开玩笑说，自己跟团队在一起的时间比跟爱人、家人在一起的时间还要多。

2020年底，开跃的老婆生孩子，刚生完孩子没过几天，他就跟瑜大公子一起出差，那时候他儿子因为肺炎还在住院。没过多久，他自己也生病了，做了甲状腺手术，幸好是良性的。

休息十多天，开跃就回公司上班了。对这个团队，开跃付出了全部的热爱和努力。

梁佳从心底心疼开跃，心疼这个能拼能闯的团队，但她也清楚，这个团队必须有更高的成长，更大的突破。

工作就是这样，该肯定的部分需要肯定，该批评的时候也不心软。

她跟开跃说：

> 现在最大的"挑战"就是自己，这话很刺耳，但你一定要听进去，因为你在工作上是没有问题的，但是未来我们想让团队更好的话，你必须首先自己作出改变。我们一起给团队注入新的血液，增加活力和创新力，才会有更大的进步。

成为头部主播以后，瑜大公子背负的压力也越来越大，他越来越谨言慎行。每一场大型直播前一晚，他都很紧张，因为每一场直播都有目标，他不会说这是团队的目标，而不是他的目标。他怕自己播不好，让公司失望，让团队失望，他的表情让人心疼。

有一次直播结束后，瑜大公子坐在座位上，有些情绪崩溃。当天工作结束后，瑜大公子和团队到附近吃了个火锅，就没事了。

几乎所有人看到的都是瑜大公子在直播间开心的样子，很少看到他离开直播间以后的样子。实际上，直播时，瑜大公子在工作，离开直播间，他也在工作。直播前一天晚上，他还在看要直播的选品和文案。一有时间，他就去看账号下面的每一条评论，以及每一条私信，把信息及时告知团队。

2021年起，遥望网络的slogan（口号）修正为："做一个有温度的遥望"。

温度就是人性，做人的时候非常人性，打仗的时候非常狼性。因为有人性，才会有更多员工愿意留在公司，和大家一起并肩作战；因为有狼性，团队才会有足够快的执行效率，在最短时间内给出最好的结果。

遥望网络最看重的是时间成本，遥望网络最擅长的是流量运营，遥望网络最有底气的是高效执行，恐怕很少有团队能够同时做到这三点。

第二节　第二道护城河：品牌金字塔

直播电商的三个基本要素是：人、货、场，分别对应主播（包括主播的运营团队）、货品供应链、场地。

相比之下，场地不能构成竞争门槛，人和货更重要。关于人和货之争更是由来已久。做社交电商的人崇尚人是一切的核心，商业链条的发展、裂变和传播，都是基于以人为中心，核心在于信任；更多人崇尚货是一切的核心，只要是爆款好货，不论在哪个主播直播间，都一样受欢迎，抖音平台上出现过N多爆款好物，都是货本身够好，跟人没有必然关系。

针对标准品的货品供应链，方剑的表达一针见血——核心就三个字：性价比。

当然，追求性价比的前提是：遥望网络在品牌上选择坚持长期主义的价值观，不追求眼前的利润，而是放眼更长远的价值。做直播电商难以攻克的其中一环就是搭建货品供应链，非常重资产，库存压力大，跟品牌方相比，大部分MCN

机构不具备货的核心优势。

那么，遥望网络搭建品牌供应链的底气来自哪里？

瑜大公子第一场直播卖的是白牌产品[①]，从第二场直播开始，谢如栋果断做出决定：不做白牌产品，做品牌货。

遥望网络由此开始直播电商的品牌化之路，并逐渐演化出自有的品牌运营方法论，尤其体现在品牌招商和选品运营上。

招商部美妆组的招商总监赞恩认为，选品供应链是整个直播电商的基础，如果没有选品供应链，后面的业务无从谈起。所以他们开玩笑说，他们部门是给前方打仗的同事提供子弹跟粮草的。

如果把直播电商生态比作一个金字塔，主播就在金字塔顶端，金字塔底端的基石就是选品供应链。

按照公司的运营策略，方剑下沉到直播一线，直接负责招商部，既是公司总裁，又是招商负责人，招商部的同事全部向他汇报。针对品牌招商，尤其是标准品，核心只有一个：性价比。

[①] 外贸行业中把非品牌化、无牌子的生产厂商叫作白牌厂商，其生产的产品被称为白牌或者白牌产品。

方剑举例说:"在超市买一瓶可乐是2元,在某头部主播直播间卖1.6元,在小主播直播间卖1.8元,你去哪个直播间买?选品里面最核心的就是性价比。对于服装等非标准品,用户是很难察觉性价比的。每个人的审美不同,有人喜欢某个设计师设计的服装,有人就不喜欢。但对于标准品来说,用户一眼就能看穿性价比。

"比如××品牌手机,售价8999元,所有渠道都是这个价格。到了一个主播直播间,售价是8000元,这个手机瞬间就会被秒空。"

除了性价比,在品牌招商中,招商部基本遵循三个原则:品牌力、GMV和利润。

品牌力指一个品牌的综合实力,包括品牌的知名度、曝光度、产品销售排名等各项综合实力。有一次,杭州有个品牌想找瑜大公子带货,愿意出200万元费用。方剑了解品牌信息后,直接拒绝了,原因是这个品牌的品牌力不够。

GMV是指在直播电商中,某个产品能给这场直播带来多少销售额。10万,100万,还是500万元?

品牌招商是基础中的基础,是选品运营的第一关。进入选品运营环节,招商部还会考量一个标准:这个产品能带来多少流量?

按照赞恩的理解,招商的本职工作就是帮助主播找匹配度更高的商品,跟品牌合作。

合作前,招商有很多准备工作:了解行业,了解品牌和产品,了解产品的流行趋势和热点,甚至细化到了解产品的成分,包括这个产品在其他主播直播间的销售情况,以及需要找哪些品牌的产品。

做完这些准备工作,招商部同事开始定向找品牌客户。

找到商品以后,进入复杂的谈判过程。在美妆领域,这个谈判过程叫磨机制。

举个例子,品牌方说他们某个产品卖100元。招商问:能不能卖69元?品牌方说不行,可以卖89元。招商问:89元太高了,能不能卖79元?

磨机制以后,大家理论上达成合作意向。

主播开播后,招商部的同事要去直播间跟播。直播过程中,涉及是不是要上(下)链接、加库存、要不要进入直播间等事务性的协调。

针对深度合作的品牌,招商部同事会邀请品牌方来直播间进行跟播。

跟播结束后,招商部要做业务复盘。

业务复盘主要包括两块。一是针对产品复盘。前一个月产品的GMV是多少?产品结构是怎样的?然后,复盘产品的客单价、成交转化率、到店铺的引流数据等一系列运营数据，最终来看这场直播主要的机会点在哪里。如果做得好，接下来如何保持？如果做得不够，哪些地方需要去提升？

二是跟客户复盘。客户需要知道他的产品 GMV 和 ROI[①]是多少，后面要不要继续合作？有没有可能更深度合作？

如果第一次合作效果非常好，招商部需要趁热打铁，跟品牌方谈更长期和更深度的合作，比如季度甚至年度合作方案。

变成日常工作以后，回到商品层面，招商部会深度参与品牌方新品宣发等各个环节，在合作上进行深度捆绑。有些品牌甚至签约成为遥望网络的重要客户，遥望为品牌提供全产业链的品牌宣发合作，包括制作定制款、联名款，甚至上升到资本层面的合作。

进行到这一步，招商部的品牌金字塔已经形成，这个品牌金字塔也是遥望网络区别于其他竞争对手的核心壁垒之一。

基于此，遥望网络夯实自己的品牌供应链，形成货的优势和壁垒；与之对应，把人运营好。方剑引以为豪的是，遥望网络已经成为直播界的"黄埔军校"，很多人来遥望网络挖

---

① Return on Investment，投资回报率，简单理解即投入产出比，指净利润与成本的比率。

人,但核心人员都还在。

第三节 第三道护城河:直播解构

不夸张地说,周星驰的电影将解构主义发挥到极致。比如经典之作《大话西游》和《国产凌凌漆》。《国产凌凌漆》里有段台词简直就是解构主义的神来之笔:

你以为躲在这里就找不到你吗?没用的,你那样出色的男人无论在哪,都像黑夜里的萤火虫那样的鲜明、那样的出众。你那忧郁的眼神,唏嘘的胡茬子,神乎其技的刀法,还有那杯Dry Martine,都深深地迷住了我。

同样,谢如栋在直播电商中创造性地提出一个概念:直播解构,并将这一概念从理论层面落实到具体的执行层面,细化出每一场直播的直播解构图(指遥望网络针对直播电商独创的方法论,将解构主义应用到直播电商中来,以图表的方式制作成直播解构图,其目的在于完成目标任务分解),在直播解构图内再细化出流量分布图和销量分布图。

这个直播解构图详细到每一个小时的销售分布,以及每一个货品的解构。

直播解构因此成为遥望网络最核心的秘密武器,并且从理论和事实层面验证了所有结果都是可以被预测，可以被计算的。

很多事情在行动前，成功的韵脚往往已经写好。

对瑜大公子和他的团队来说，一场直播成败与否，开始前已经知晓。就像拿破仑说的：无论做什么事，内心决不承认有失败的可能性。只要想着自己的长处，而不是短处，想着自己的能力，而不是问题。

如何做到"内心决不承认有失败的可能性"？如何在直播开始前，写好成功的韵脚？决定一场直播成败的秘密到底是什么？

谢如栋提出的直播解构是什么意思？如何直播解构？

——解构是指结构分解，是后结构主义哲学家德里达提出的一种批评方法。"解构"概念源于海德格尔《存在与时间》中的"deconstruction"一词，原意为分解、消解、拆解、揭示等，德里达在这个基础上补充了"消除""反积淀""问题化"等意思。

解构意味着将一切推倒重建，本质是反经典、反常识的，是独辟蹊径、独树一帜的。

如何解构直播？

在谢如栋看来，直播电商是可以解构的。每一场直播开始前,最重要的一环就是做解构图,其中最核心的两点是:解构直播、解构货品。

前者偏宏观视角,后者偏微观视角;

前者是目标任务分解,后者是提炼每一个货品卖点。

开始一场直播前,谢如栋的习惯是,先做一个直播解构图。

简单来说,直播解构图就是重新解构这场直播——以一场12小时的直播为例——每个小时的销售分布:

第一个小时GMV目标5000万元;

第二个小时GMV目标2500万元;

第三个小时GMV目标1000万元……

相对来说,直播流量是随直播时长下降的。(当然,遥望网络有一场直播打破了流量下滑的魔咒,平均每个小时的GMV都在2000万元左右。)

所以,需要做一份流量分布图。根据流量分布图,接着做一份销量分布图。

根据销量分布图,制订每个小时的销量目标,最后落实分解到具体的产品上:先分时间段,再分产品。

第一个小时卖5000万元,组哪些品,大概每个品卖到多少?

整个解构图做完了,剩下的工作就是往里面填空,具体哪个商品符合这个需求,按照目标任务分解的解构图,往里面填品。

理解了直播解构的逻辑,我们发现整个直播模型是可以被计算和重塑的。

谢如栋通过全新的运营思维,创造性地提出直播解构的方法论,并制作出直播选品中目标任务分解的解构图,根据模型的方式,可轻松达成目标任务。

瑜大公子的四场崛起之战,就是率先运用直播解构的方式完成的。

谢如栋说:这种方法论和模型独属于遥望网络,没有其他任何MCN机构这么做过。

除了直播解构,谢如栋还将这一方法论运用到具体单一的货品上。做完直播解构,下一步应该做货品解构。

货品解构的逻辑相对简单——直播解构相当于完成排兵布阵,上战场后战斗力如何,取决于主播、货品、运营等多个要素,其中必不可少的一个要素是:货品。

按照谢如栋的判断,直播过程中出现任何问题,归根结底就两种可能:要么主播出了问题,要么货品出了问题。

所以,运营人员需要做货品解构。

以一场6小时的直播为例,直播中有50个选品,按照直播解构,第一个小时GMV目标2000万元,第二个小时1500万元……每个小时的GMV如何达成,取决于货品解构。假设第一个小时有10个货品,每个货品主播讲解6分钟,每分钟的GMV是多少?这显然是由单个货品决定的。

单个货品能做到多少销售?按照直播解构,是可以量化的。假设这个货品的量化指标是200万元。

货品解构的意义在于:

第一,货品的卖点是什么?如何提炼出产品最核心的卖点?

第二,如何形成最好的文案,让主播讲出产品核心卖点,让产品爆单?

做完这两点,货品的量化指标有没有可能从200万元拉升到300万元或500万元?溢出的部分才是货品解构的价值所在。

直播解构和货品解构的核心都是大道至简。

谢如栋反复跟团队强调,不要迷恋SKU,SKU不能代表GMV。直播中并不是SKU越多,GMV越高。我们不需要那么多货品,哪怕一场直播就卖10个货品,如果每个货品能卖半个小时、一个小时,讲深讲透,把单个货品的价值放大到极限,单场直播的GMV可能远远超过之前任何一场直播。

之所以反复强调货品解构的极简主义原则,是防止过度修辞——

> 有人说,天上的月亮很圆。我们获取的信息点是:圆。
>
> 有人说,天上的月亮又大又圆。我们获取的信息点是:大和圆。
>
> 有人说,天上的月亮又大又亮又圆。我们获取的信息点是:大、亮、圆。

在货品解构中同样如此,卖点提炼得越多,焦点越容易分散。按照霍格斯黑德的观点,公司抓住顾客注意力的时间只有短短9秒。在直播间,抓住用户的时间可能更短。抓不住用户,用户就流失了。大家会在最短时间内抓住最有意思、最有诱惑力的部分,其他一切都会被过滤掉。

因而,产品卖点超过三个,用户可能就记不住了。

第四节　第四道护城河:第一运营思维

如果我们以产业链来分割商业形态,每一种商业形态都可以分为三个层级：产业上游、产业中游、产业下游。这三个层级分别对应每一个商业主体在整个商业链条中的位置和定位：产品、平台、渠道。

除了巨头和一些类巨头企业以外，很少有公司可以同时打通整个商业形态和链条，即同时具备产品、平台和渠道的三重角色。任何一家公司能打通其中一环，足以在商业链条中立于不败之地。

无论处于任何一环，运营思维不可或缺。广义上，运营包括公司的管理运营和项目运营，以及产品运营、内容运营、活动运营、用户运营、社群运营等各个环节。

在直播电商中，运营思维尤为重要。遥望网络内部提出第一运营的概念，董事长为公司的大运营总监，即公司的第一运营。但在遥望网络的理解里，第一运营思维不仅限于此，它还包含所有高管带着运营思维，下沉到业务一线。

2019年4月，遥望网络签约明星王祖蓝，率先开始明星电商直播。到2020年7月，一年多时间，遥望网络直播电商的节奏始终不温不火。在高管和基层之间，出现巨大的真空，高管不知道工作室和主播在做什么、效果好不好、方向对不对，工作室和主播也不知道高管的节奏和规划。

实际上，早在2019年底，谢如栋已经意识到这些问题，也在琢磨：公司高管是否需要下沉到一线？

直到2020年7月，谢如栋当机立断：即日起，全公司所有高管必须下沉到一线的团队和业务中去。

最明显的变化从职位头衔开始：

作为公司董事长、CEO，谢如栋带头兼任公司运营总监，为了区别公司已有的运营总监，有人称他为公司第一运营，也有人称他大运营总监；

作为公司总裁，方剑兼任招商部总监，亲自带领团队招商、选品，严格把关每一个环节流程；

公司副总裁邵钦，除了负责传统的公众号和广告代理业务，另外还在直播电商中负责小店通的流量投放、客服部和用户运营部；

公司副总裁梁佳兼任直播电商运营总监，同时负责全公司的人事；

……

除了公关部，14楼基本上是招商部员工工位，其中一个开放式工位是专门给方剑预留的。遇到类似"双十一"等大型活动，方剑直接从21楼总裁办公室搬到14楼招商部，和100多位同事一起办公。

为什么要让全体高管下沉到直播电商一线？

谢如栋的考虑是，直播电商是一个全新的业务，没有形

成成熟的产业链。立项前,没有人熟悉这个业务,如果不下沉到一线,根本不知道直播电商是什么。

从管理层面来讲,高管听下属汇报,下属可能也不专业。换句话说,他的认知水平和知识结构如果比你高,你就不要做领导;如果比你低,他的认知有限,你就不能通过他的汇报,做出正确判断。

不同层级的人,所处高度不同,认知和知识结构不同,看待同一件事情的时候,结果完全不是一回事。

作为公司高管,必须提高自己的知识结构,完善自己的认知,最好的办法就是下沉到一线,熟悉公司的具体业务和流程。

谢如栋举例说,2019年底前,瑜大公子开始做直播电商,每天直播能卖1万元的时候,他告诉团队,花重金去做投放。

观察一段时间，还是没有起色。主要原因可能是他们调动不了全公司的资源，也可能怕亏损，过于谨慎。当高管下沉到一线以后，至少有两点改变：一是有更大权限，能调动更多资源；二是能够看得更远一些，前期不能怕亏。

基层团队的资源和知识面有限，很容易形成自己的天花板。对高管来说，下沉到一线是非常重要的，就像CTO（首席技术官）如果不下沉到各个直播间，不能理解直播电商的每一个环节和逻辑，他如何才能做出好的产品？按照自己的想法闭门造车，对直播的理解停留在理论层面，而直播团队已经处在一个很高的层面，他们看不上也用不了这个产品，那产品做了也等于白做。

按照谢如栋的理解，高管下沉到直播一线，需要做到两点：

第一，跟团队有具体的业务交流，熟悉业务流程；

第二，下沉到业务中去，把理论和实践结合起来。如果不能把实践的经验整合成理论，就不能复制经验出来；如果只有理论，没有实践，就不能理解理论的意义。

换句话说，高管必须具备宏观层面的认知和视野，但是想把业务做大，就应该参与并熟悉所有的业务流程。

高管下沉到团队中去，需要了解一场直播中的每一个环节,从直播方案、直播主题、直播场景、直播规划、直播流程、直播人员安排,到直播复盘、直播数据的运营分析等,甚至走进直播间,全程参与到直播中去。

假设高管是师傅,下属是徒弟,如果徒弟比师傅更全面,徒弟应该升职为师傅。当然,徒弟在专业领域比师傅更强,是正常的。师傅把控全局,不可能每一个细节都能把控到。

谢如栋自己遇到过类似的经历:

> 经常有人跟我说,这个做不了,那个做不了。我信以为真。后来真去做的时候,发现大部分人认为不能做的事情,凭我的知识面,我都做成功了。比如说,他们觉得瑜大一场直播卖1000万元已经到顶了。事实上,经过一段时间的尝试和突破,在两个月时间里,瑜大直播带货实现了从单场1000万元到破亿元,再到突破3.68亿元。

的确,所有的事情都是从最小的可能性开始,运营是一个每天都在不断更新的领域,必须大胆假设,小心求证,把不可能变成可能。

谢如栋谈到瑜大公子直播电商的几次突破恰恰是从他下沉到直播一线开始的。

2020年7月起，遥望网络高管下沉到团队和业务一线，仅过了两个月，直播电商就不断实现新的突破。

以瑜大公子工作室为例，谢如栋亲自走进直播间，和团队一起出谋划策，制订详细的直播运营策略——

9月14日，推出福利专场，GMV达到1500万元；

9月19日，推出极速发货专场，GMV达到7866万元；

9月30日，推出双节同庆专场，GMV突破1.36亿元；

11月5日，"双十一"聚星回馈盛典，单场GMV达到3.68亿元……

除了瑜大公子，遥望网络还签约了很多达人主播，合作了很多明星艺人，有的艺人在别的MCN机构单场直播只有几十万元，到了遥望网络，运用遥望网络的运营打法，第一场直播带货GMV就超过1000万元。

以遥望网络合作的两个明星为例：其中一个合作后，基本上每一场直播GMV都在1亿元以上；另外一个跟遥望网络合作后，第一场直播GMV超过2亿元……

谢如栋最不能理解的一点是：有人说，这个事情别人做不了，所以我们做不了。这是什么逻辑？

在谢如栋眼里，所有的可能性都是可以被打破的。

谢如栋也会参与直播选品，比如一场直播5—6个小时，SKU共有50个。他只会参与筛选确定直播开始两个小时的20

个产品。按照二八定律，前面两个小时的GMV可能占到整场直播的80%。

在跟瑜大公子和团队接触过程中，我们能明显感觉到，每个人、每个部门、每个高管，都有非常清晰的运营思维。我们不妨将这一现象理解为：第一运营思维。

第一运营思维包含几个层面的含义：

其一，作为公司董事长或CEO，必须成为这个公司的第一运营。不论专业与否，都必须有第一运营的思维，必须重视运营在项目推进过程中的重要性，自上而下传递第一运营思维。

其二，公司高管必须带着运营思维，下沉到基层，熟悉业务流程，否则只能闭门造车。

其三，运营思维是项目推进中的第一要素。尤其在直播电商时代，要快速推动项目突破困局，挑战一个又一个瓶颈和天花板，只能靠运营。几乎所有互联网公司都将运营放在首位，就是这个道理。有人说，运营驾驭人性。确实如此，运营必须直面人的七情六欲，这符合马斯洛需求理论。

第五节　第五道护城河：用户至上

著名企业家冯仑说，我们的商业本质无论是在工业资本时代、信息时代、PC互联网时代、移动互联网时代，乃至将来的万物互联、智能互联时代，都没有改变，本质都是如何用最好的服务、最好的产品，为消费者创造价值，带来价值。这是营销的最根本的本质，只有首先为消费者创造价值，才有可能让消费者购买。

归根结底，一切商业本质上都是服务业。用户下单购买产品，只是商业链条的起点，后续的服务才是其核心要素。服务包括售前、售中、售后。

为了提升自身的服务，遥望网络开发了自己的云客服售后系统。针对售后投诉服务退款或理赔，售后系统的处理速度发生了质的飞跃。

随着用户体验的要求越来越高，商业环境越来越完善，一切商业本质上都是服务业，商业的核心比拼从产品比拼变成服务比拼，服务的好坏直接影响品牌和企业的未来。

遥望网络搭建的客服体系是瑜大公子的第五道护城河，

也是最后一道防御屏障。

遥望网络客服部共6个组，100多人，包括售前、售后、工单、电话和私信管理等5个岗位。

售前指售前接待，用户在购买产品时的咨询等；

售后指用户购物后遇到的各种问题反馈、投诉等；

工单指工作单，当天处理不掉的投诉会交给工单组，工单组通过工单系统，建新的工单进行跟进，完成问题的闭环；

电话指受理用户的电话咨询、投诉等；

私信指瑜大公子快手账号所有用户私信的处理。

在运营初期很长一段时间，客服团队里没有设置私信岗。瑜大公子坚持每天花时间看快手账号的每一条评论、每一条私信。他在直播中告诉用户，如果觉得客服很难找，或找不到客服，可以直接发私信。

对用户来说，私信是最便捷和友好的，而且可以问任何问题，包含信息咨询、购买咨询、投诉、购物需求。

之后，客服团队新增私信岗。

客服团队的slogan是："做客户的大管家，做主播的小管家。"

经过两年发展，客服团队愈加完善。

用户在线咨询时，系统自动弹出问候信息：

宝宝，欢迎光临瑜大公子的小店，瑜大公子直播间全新升级，联合品牌成立"摇篮基金"，为大家的售后保驾护航，让大家购买无忧。客服服务态度恶劣，售后问题24小时内不给反馈的，可拨打专线电话进行投诉，一经核实无误，该笔订单全额退款。非常感谢广大粉丝家人们的信任，瑜大公子会给宝宝们提供更好的商品，让大家享受到更好的服务，不辜负大家的信任。请问有什么可以帮您的？

客服负责人解释，客服团队设计的问候语考虑非常细致，售后24小时内不给反馈的，若经核实无误，该笔订单全额退款。

在瑜大公子的每场直播中，有50%左右产品来自长期固定合作的品牌，剩下约50%是新合作的品牌。

初期有段时间，客服连续接到3个以上用户的投诉，立即就能做出判断：整批产品可能在物流上都出现问题了。

果然，用户反映的都是同一个问题：我买了你们的某某产品，为什么没有收到赠品？

实际上，这是品牌方操作时出现的问题，即正品在一个仓库发货，赠品在另外的仓库发货，不是在同一个订单内发货。

当然,还有更细节的问题是,直播间告诉用户买50毫升再送6瓶5毫升共30毫升赠品。用户收到时确实是30毫升,但规格不对:不是6瓶5毫升装,而是2瓶15毫升装。

相当于按照直播间规格,用户应收到7瓶产品,实际上收到3瓶产品。用户来投诉的理由很简单:一是跟直播间宣传不符;二是用户宁愿要6瓶5毫升装的赠品,可以送人,哪怕随身携带使用也很方便。

遇到这种情况,客服会耐心跟用户解释:

> 我们这个产品机制,确实是有不同组合的,如果您确实不乐意,可以退回来,我们帮您换货,包括给您一些其他补偿,产品是品牌方直接发货的。我们从来不回避问题,我们帮您解决问题。

有的客户只是反馈一下,并不要求补偿。有的客户需要安抚情绪,客服安排通过遥望网络自己的仓库,补发同样品牌的产品给用户,另外赠送客户一盒面膜作为补偿。

客户投诉集中在直播结束后的第3—15天,当天发货,一般收到货是1—3天,偏远地区3—5天,在这以后开始出现售后问题。

熟悉瑜大公子的粉丝都清楚，瑜大公子每场直播都有非常丰厚的福利。有次直播送某品牌手机，有个用户收到后，以手机发热为由前来投诉，客服最后给出的解决方案是给用户更换一台手机。

入职遥望网络前，客服负责人已经在其他电商平台做了六年客服。做客服最大的要求是要有耐心，而且要从用户的几句话中了解到核心诉求和问题，如果没有抓到这个点，问题就很难处理。

这是做客服中非常重要的一条标准。客服负责人在面试时，问前来应聘的人：做客服最重要的是什么？对方如果能回答出"耐心"，基本上可以确定，这个人是可以做客服的，因为专业知识可以后天培养，但耐心则体现了一个人控制自我情绪的能力。

客服负责人给小伙伴们反复强调：客户来找你，99%都是有问题才来的，没事不会来找你。而且，用户大部分都是带着情绪来的。作为一个专业客服，你需要正确引导用户，要把用户从愤怒中带出来，安抚他的情绪。记得不要跟用户争，没有任何意义。

作为客服，我们需要帮用户解决问题，解决用户的后顾之忧。

客服存在的重要性在于，对用户来说，一是有任何问题能找到人，二是能解决问题。这是最基础的服务。

2019年"双十一"前夕，遥望网络设立500万"先行赔付"基金，创建直播售后服务创新模式，这一举措受到人民网和广大网友的一致称赞。

根据遥望网络发布的公告内容，为了让消费者买得放心，遥望网络成立电商直播专项客服小组，并设立500万"先行赔付"摇篮基金，如果消费者遇到旗下艺人和网红主播在直播过程中推荐的商品出现质量和售后服务问题，遥望网络将承诺在72小时内予以解决并支持消费者先行赔付。

这种售后服务的创新模式，不仅得到了业内分析师的点赞，也深受消费者喜爱。国家广告研究院马旗戟研究员认为，"这是一个愿意承担责任的态度和举动"。网友们纷纷表示，"这才是有良心的机构"。

作为行业的一分子，遥望网络一直致力于推动直播带货行业的发展，并努力"为直播电商行业提供一个售后服务保障的解决范本"。

瑜大公子的直播方法论

> 风会熄灭蜡烛,却会使火越烧越旺。
> ——纳西姆·尼古拉斯·塔勒布

第一节　一场直播为什么能卖出3.68亿元

以快手平台（哪怕包括淘宝和抖音等平台）为例，单场直播过1亿元的主播仍是极少数。从平台层面，1亿元是一个门槛，单场过亿主播被视为快手平台S级主播。谢如栋认为，单场直播过5亿元，视为全行业的头部主播（当然，这个数字指标随时在更新，行业在发展，主播的带货成绩也在不断刷新行业纪录）。

瑜大公子3.68亿的成绩单让他在直播电商中一战成名。

一场直播为什么能卖出3.68亿元？瑜大公子和他的团队是如何做到的？他们直播运营的核心方法论是什么？

2020年11月4日，"双十一"直播前一天晚上，在杭州未来科技城国际会议中心的直播场地内，谢如栋、方剑亲自带团队进行直播前最重要的一环：过品和GMV目标任务分解。

这一过程从晚上6点持续到次日凌晨4点多，参会的有公司高管、瑜大工作室、招商部、流量投放、用户运营等部门几十个同事。

遥望网络给这次"双十一"直播定的GMV目标是5亿元。为什么是5亿元？

"金九银十"的销售旺季之后，电商迎来一年中的黄金季。"双十一"更是成为所有电商人最盛大的节日，很多公司和品牌"双十一"单日的销售额甚至占到当月销售额的80%以上。自9月14日起，瑜大公子连续创造了单场直播破纪录式的强增长：1500万元、7866万元、1.36亿元……前面所有的破纪录，都在为"双十一"做铺垫。

瑜大公子需要一次更强的破纪录。按照各个维度综合评估，团队初步将GMV目标定在5亿元。

当然，这个数字也是一个主播进入全平台超S级头部主播的卡点。

确定GMV目标任务后，首要问题是如何达成这一目标，最好的方式就是对目标进行任务分解。

按照工作室负责人开跃的理解，目标5亿元，如果商品客单价50元，这场直播至少需要卖掉1000万件商品。这是什么概念？如果整场100个SKU，意味着每一个SKU销售出去的订单量必须达到10万单。

这太恐怖了。

从瑜大公子过往的销售记录看，除了秒杀品、福利品，没有销售过订单量达10万+的商品，此前最高的一次销售订单量是8万+。按照这个逻辑推演，目标无法达成。

既然SKU数量是恒定的，不可能全部爆单，单SKU产出或订单量有一个相对恒定的区间，那么，这其中的变量有哪些？还有没有其他变量？

比如，商品的客单价是不是太低了？直播间同时在线30万人或50万人，卖5万—10万单是很容易的。但同样的在线人数，非要销售10万单，确实有一定难度。用户购买转化率是相对恒定的，不可能达到30%。

在选品环节，能不能适当增加一些高客单价的商品？

这是第一种分解模式。

第二种分解模式是，按照瑜大公子过往的销售数据，团队知道有1个超级爆品GMV能做到5000万元，有3个品GMV分别做到3000万元，还有5个品GMV分别做到1000万元。

按照这种计算方式，团队很快计算出，目前100个SKU里，有9个品的GMV能做到1.9亿元。

接着统计GMV在500万元的品，大概有20个，GMV是1亿元。

剩下71个品，GMV能不能做到2.1亿元？

如果能，目标任务即可达成。如果不能，目标任务就无法达成。

针对目标任务分解，离不开公司第一运营谢如栋自定义的方法论——直播解构。

11月4日晚上，谢如栋带团队持续超过10个小时，只做了一件事：确定直播解构图，跟品牌方现场讨价还价。

凌晨4点半，还有一个礼盒机制的品没有讨论完，拖到第二天距离开播不到1小时，才最终确定下来。

按照开跃的任务分解，客单价属于平均计算的逻辑，后者属于电商运营的爆款逻辑。

无论内容还是电商，核心仍旧是爆款逻辑，而非平均主义。比如一个短视频账号发布100个视频，粉丝100万，并非每个视频增粉1万。很有可能是其中2个视频爆了，增粉80万，剩下98条视频，增粉20万。

第一，这符合内容或电商的爆款逻辑。

第二，符合二八定律，内容或电商产品中20%的产品，贡献80%的营收；剩下80%的产品，只贡献20%的营收。

事实证明，目标任务分解是直播电商中最基础的一环，也是最重要的一环。

在直播电商中，存在 n 种不同的目标任务分解办法，有人用数学的方式，有人用物理学的方式，还有人用心理学的方式……总有一种方式是独特的、唯一的、适合自己的。

刚进入互联网行业时，我和产品合伙人沟通的第一个方法论就是"目标路径达成"，谈的也是类似道理。

以杭州钱塘江为例，当站在钱塘江北岸，目标任务在钱塘江南岸某个位置点，如何抵达目标任务的地点？我是这么跟他解释的——

> 如果你有想象力，可以抱着天鹅的脖子飞过去；
>
> 如果是夏天，你会游泳，可以一时兴起，游泳过去；
>
> 如果你有闲情逸致，需要杀时间，可以散步过去，走钱江三桥或钱江四桥。当然，也可以选择钱江一桥或钱江九桥，只不过距离更远；
>
> 如果赶时间，可以打车过去；
>
> 如果在晚高峰，打车不一定快，可以坐公交车或骑自行车过去；
>
> 如果你是土豪，可以坐直升机过去……

目标任务分解以后，遥望网络及时推进强有力的运营策略。比如在产品排序上，把爆款产品安排在直播开始后的 2

个小时内。开始2个小时的数据至关重要,直接影响主播和团队的士气,以及目标任务达成度。

直播半个小时,GMV达到3000万元;

直播3个小时,GMV拉升到1亿元。

当然,更多的运营策略已经提前准备就绪——

第一次在国际会议中心的场地开直播,制造直播场景和仪式感。仪式感是对所有人的一种强心理暗示和呼应;

快手官方24小时开屏广告;

邀请明星进行直播造势,200多家媒体多角度跟踪报道;

展开为期半个月的预热造势,承包杭州钱江新城120分钟灯光秀、杭州城市地铁1号线,以及北京、上海、沈阳、大连、武汉、南京、重庆、深圳等全国10大城市广场地标性大屏等千万流量商圈宣传;

多平台造势,打破营销圈层:300多个大V合力发声,互动话题全网曝光超过10亿;

准备超过200万单客单价在9.9元以内的秒杀福利……

另外,团队还有后台流量投放等运营策略。

直播结束后,瑜大公子团队根据直播解构图,结合这场直播的实际数据进行直播复盘,发现基本符合预期(以GMV前3名为例):

第一名是××品牌的黑金礼盒，客单价500多元，3分钟时间秒光5万单，最终销售8万多单（包含现货和预售，这个订单量对供应链的要求非常高），GMV在4700多万元（预估5000万元）；

第二名是××礼盒，客单价299元，销售3.4万单，GMV超过1000万元（预估1500万元）；

第三名是××套盒，客单价1149元，高客单价产品，销售8700多单，GMV超过1000万元（预估1500万元）。

第二节　四个"为什么"，重新定义直播带货

瑜大公子成长于快手，也为快手所成就。

从直播属性来看，瑜大公子有别于淘宝的专业电商属性，更偏向于社交电商属性；

从品类属性来看，很多人谈起瑜大公子最早的认知是美妆主播，后来瑜大公子逐渐拓宽自己的品类，成长为全品类主播；

从品牌属性来看，瑜大公子从白牌到品牌化的过渡只花了一天时间；

从成长轨迹来看，瑜大公子有别于快手绝大部分的个人

主播,他是MCN机构团队打造的头部主播,而且是第一个。

瑜大公子通过四个"为什么",重新定义直播带货。

为什么从专业电商主播转型社交电商主播?

瑜大公子直播初期,团队对直播电商的认知是主播要专业。毕竟,直播电商是从淘宝平台衍生出来的。淘宝的所有主播本身都是专业的产品讲解员,专业的导购和销售。

直播初期,瑜大公子是通过打榜成长起来的。打榜过程中,他不得不去跟对方主播拼人气,搞气氛,对方是娱乐型主播,自带娱乐属性,这一点造就瑜大公子的娱乐属性,加上专业的电商属性,从而进化到社交电商主播。

直播主播成长于短视频平台,当所有人打开短视频,第一反应是:我不是来买东西的,我是来消遣,来排忧解闷,来娱乐的。

这也是瑜大公子很重要的成功秘诀之一。

为什么从美妆垂类主播转型全品类主播?

严格来说,瑜大公子从美妆垂类转型全品类主播是消费者的需求倒逼出来的。

几乎每个知名主播都有类似的成长过程,开始做垂类主播,成长为大主播后,到2000万粉、3000万粉……消费者需求的多样化,决定了主播的多品类。

用邵钦的话说,这跟整个社会的供需关系一模一样,一开始只是给这个地方供水,后面供煤电,供暖气。

快手电商很简单纯粹,作为粉丝,在主播这儿买了很多东西,跟主播的关系就更近了,但不能天天买化妆品套盒,这就需要扩充品类。主播开始卖一些高频复购的产品,比如洗衣液、卷纸、抽纸、食品、服装、珠宝,直播间开始从一家小店变成百货大楼。

"这是符合市场需求的,当然也会带来一个最大的问题。一旦拓宽品类,专业度的要求,以及非常重资产的供应链,是大部分公司和主播无法完成的。这要求主播本身要有快速学习的能力,不断突破自己,不能永远待在自己的舒适圈里面。"

其次,是营销团队的重要性。邵钦举例说明:

"为什么百货大楼生意那么好?因为隔一段时间,百货大楼就会重新划分经营区域,1楼手表,2楼女装,3楼男装,4楼运动品牌,5楼童装,整个楼层设计、动线设计(指商业中客流的运动轨迹,好的动线设计必须增强店铺的可见性,有效增强商铺可达性,具有明显的记忆点)都是非常科学的。"

对主播来说也是一样,当主播要扩品类的时候,第二品类怎么扩?它和美妆的关联性有多大?第三品类怎么扩?每场直播里面的货品排序怎么排，主题怎么定，非常讲究运营技巧，跟经营一家百货大楼没什么区别。

主播把自己经营好，粉丝就会形成一种固有的习惯，到了时间点就会来主播的直播间。

当然，这里既有好处又有坏处，好处在于它的确定性很高，给大家更好的消费体验；不好的地方在于，直播需要有神秘感，太确定就会变得很平，活动就很难做。这个世界最有趣的地方就在于它的未知和不确定性。

这就对整个运营团队的要求非常高，这也是整个行业的难题。

为什么从白牌转型品牌化？

应该说，在新国货崛起的大背景下，考虑快手直播电商上的差异化策略，也是对瑜大公子的直播定位。

当时，快手上几乎无一例外，都在卖白牌货，用户没有品牌概念。而瑜大公子自从第一天直播后，就始终坚持走品牌策略。

本质上，这符合遥望网络的价值观：着眼于长期价值的最大化，而非短期利润。

的确，没有人相信快手可以卖品牌货，连品牌方自己也不相信。他们认为快手只能卖9.9元的便宜货，快手用户买不起品牌货。

这大概是对快手用户最大的误解。

瑜大公子打破了这个魔咒,事实证明:快手用户有购买力,他们信任品牌产品。

此后,很多主播按照瑜大公子的模型进行复制。

必须承认,这个过程很痛苦,教育市场的成本很高。

为什么作为非个人主播,瑜大公子是第一个?

玩快手的老铁都知道,MCN机构诞生前,快手上是清一色的个人主播,靠自己一个人摸爬滚打成长起来。

有了MCN机构,大家尝试做短视频,做直播带货,按照自己的认知去做快手直播,在直播间销售低价产品、白牌货。

直到遥望网络带着瑜大公子实现这一突破。

遥望网络以自身的流量基因,实现瑜大公子成长轨迹的火箭速度——从素人到快手头部,只用了14个月。

邵钦认为,一次购买并不是电商,直播电商的终局一定是多次复购,所以要回过头来看消费的本质。没有团队化的运作,个人主播的成长路径极其缓慢,他们的天花板很低,不能批量化采买流量,就很难赢得未来。

第三节 直播的时间线故事

直播本质上是讲述一个时间线故事,这个故事的主角是主播,配角是整个团队。如果主播在故事中很专业,配角很出戏,整场直播就是失败的。

好的直播需要每一个人都很专业。

好的直播不能靠单纯重复昨天的故事,而是不断要有新的内容,不断带给用户新的体验。

瑜大公子和他的团队如何讲述直播的时间线故事?

确定直播主题

直播前需要确定这场直播的主题是什么,主题的背后是什么,这场直播要干什么。直播主题不只是确定一个词或一句话,大部分词语是模糊的、不准确的,没有抵达事物的深度。

比如某日要做一场直播,主题是:瑜大公子的"5·20"情人礼。

单看主题,我们只知道这场直播主题的字面意思,但具体要做什么,并不知道。

"5·20"情人礼是什么？制造概念？还是销售各种产品的情人礼礼盒？或是适合情人礼的产品线：巧克力情侣礼盒、糖果情侣礼盒、情侣服装、化妆品情侣机制……

一场直播必须有明确的指向性，主题清晰、有力。主播有清晰的直播思路，运营有清晰的运营思路。

搭建直播场景

确定主题后，根据主题搭建直播场景。大部分直播在直播间内进行，有些直播主题在直播间以外进行。无论在直播间，还是在直播间以外，都需要搭建直播场景。直播场景暗含三层意义：氛围和仪式感、消费场景，以及带给主播、团队和用户的心理暗示。

就像过春节，大家张贴对联、去寺庙祈福、放炮仗、逛商场、穿新衣、准备新年礼、去电影院看贺岁片等等。在这种氛围的烘托下，春节的味道就出来了。

直播也是一样，需要氛围和仪式感，需要消费场景，需要心理暗示。

按照开跃的理解，直播场景的目的是为了让用户知道今天直播什么内容，卖什么货品。针对"5·20"情人礼主题的直播，团队一般会挑选层高很高的会场，搭建舞台背景。现场的氛围和仪式感很强，用户的情绪更饱满，用户的体验直接影响到直播间。对用户来说,这仿佛一场盛会,大手笔、大制作,东西肯定不会差。

开跃印象最深的是他们在仓库清仓和海外品保税仓直播,场景非常符合用户心态。仓库高耸的货架是最好的直播场景。主播在货架前直播,在传送带前直播,会让用户有很强的信任感,让他们觉得自己下单后能马上发货。

直播解构

直播解构包含解构直播和解构货品。

直播开始前,团队需要做一份直播解构图。根据直播解构图,重新解构这场直播中每个小时的销量(GMV)分布。

解构图中包含流量分布图,根据流量分布图,做这场直播的销量分布图。

根据销量分布图,制订每个小时的销量,最后落实分解到具体的产品上:先分时间段,再分产品。

第一个小时GMV是多少,组哪些品,每个品卖到多少?

做完解构图,剩下的工作就是往里面填空,哪个商品符合这个需求,填进去就可以了。

解构货品的核心是,每一个货品的卖点是什么?如何提炼出产品最核心的卖点?如何形成最好的文案,将产品爆单?以前这个货品直播一次能卖200万元,有没有可能拉升到300

万元或500万元?

每一个货品或其中大部分货品爆单,整场直播的GMV随之拉升到更高的阈值。

直播规划

做直播前,团队先做一份思维导图。通过思维导图,清晰知道这场直播的各个主题要素,以及各个主题要素之间的逻辑和细节。

比如基本信息、主题slogan、直播亮点、预热视频、福利设置、运营投放等。

有了这份思维导图做指引,再去做直播规划就非常清晰。

直播规划中须包含基本信息:主题、目标、时间、地点,以及时间、环节、事项和信息。

直播规划是整场直播中非常关键的一环,它决定了对这场直播的认知和目标。直播规划不是格式和重复,不是碎片拼接,每场直播都需要重新进行规划,有因果,有性格,有情感,有张力。

归根结底,直播规划拒绝平庸和平铺直叙。

直播流程

直播流程属于直播规划的一环。为了确保直播流程畅通,大部分直播团队选择另外制作一份直播流程表，将直播流程分离出来，对应不同的时间、环节、事项和详细流程。

直播流程中最核心的是时间线，将整场直播分为多个时间阶段（每个时间阶段包含这个阶段的销售目标）。

比如直播开始后30分钟为第一个时间节点，这个时间节点的核心是拉人气；随后1个小时为第二个时间节点，这个时间节点推爆款产品……

每个时间节点按照直播节奏进一步细化到具体的时间，或更小单位的时间点。每一个时间点都有对应的环节、事项和详细流程。

应该承认，直播流程不单是给主播、团队和用户提供时间的线索，还要给他们提供排列的逻辑。

直播人员规划

用户看到主播在镜头里给大家直播演示，有时能听到助播的声音。实际上，每一场直播背后都有几个乃至几十个小伙伴在互相配合，团队化作战，共同协助主播完成一场直播。

在这个过程中，为确保直播有序进行，直播人员应当如何规划？

一般来说，人员规划分为直播前、直播中和直播后。

直播前：以内容团队为主，直播预热。直播组的选品团队选品，跟商家沟通，包括制作直播规划；

直播中：内容组拍摄记录直播过程花絮，做成切片视频，发布视频给直播间引流；主播直播；直播组的助播、运营等跟进主播的直播节奏；店铺组负责产品上下架；数据运营做好数据分析；流量投放组负责流量投放；

直播后：直播组回收样品，样品归整；直播间归位；数据运营分析数据；负责人带头做直播复盘。

第四节　做内容的朋友

直播电商本质上是在给用户提供好的内容，但是好内容的标准是什么？好内容如何呈现？作为内容落地到直播间最直观的表现，行业里讨论的直播话术是真诚还是演戏？

反应到内容上，我们通常认为，好的内容必须符合两个标准：有用、有趣。瑜大公子在直播中体现出的专业，解决用户的各种美妆护肤等问题，符合有用这一标准；瑜大公子综艺化、娱乐化地和粉丝互动，则符合有趣这一标准。

按照瑜大公子的观点，最好的直播话术就是向粉丝传递直播间的购物体验。一个好的主播一定是真诚的，是反套路的，他必须在差异化的运营中寻求自身的独特性和唯一性，而这种独特性和唯一性在直播中逐渐演化为风格。

如果没有好的内容，没有自己的风格，用户将会从主播的流量蓄水池里不断流失。

2021年3月26日，在以"内容的朋友"为主题的新榜大会上，瑜大公子受邀出席，分享他在做电商直播过程中的心得："我如何成为单场直播GMV3.68亿的快手主播？"

在这次分享中，瑜大公子谈道："我的账号最初就定义为电商主播，我就是一个带货主播。"而主播的定位决定，"在电商的大环境当中，没有一个电商主播是可以完全复制的"。

"粉丝给我的标签有：真实、无美颜、敢拼搏、专业、敢说、宠粉、扶持国货等。"

作为直播电商主播，瑜大公子在两年多时间里，经历了多重角色的转变——

从专业电商主播转型为社交电商主播；

销售产品从白牌转型为品牌国货，以及国际大牌，坚持品牌化策略；

从美妆垂类主播转型为全品类主播。

瑜大公子团队基于运营上的种种差异化策略，决定了瑜大公子的独特性和唯一性，并逐渐在直播中形成自己的风格。

从广义上来讲，直播电商中的核心三要素——人、货、场——本质都是内容,他们共同构建了直播电商的完整生态。从狭义上来讲,直播电商过程中,主播和团队的直播本身就是最好的内容呈现。

直播中应该呈现什么样的内容?

行业里将直播内容的核心定义为直播话术,直播话术则表明了直播电商的双重特性:内容和运营。

事实上,在直播电商的大时代,内容和运营早已合二为一。好的内容需要运营,更需要有内容运营的思维和执行。

落地到直播电商的直播间,最直观的就是直播话术。直播应该如何开场?如何用直播的语言给产品设计文案和卖点?如何形成自己的风格?如何跟粉丝进行沟通?如何介绍直播间的产品?用户有何需求?

直播中有问不完的问题。

到了瑜大公子这里,直播话术最重要的就是:作为主播,你需要向粉丝传达直播间的购物体验。

主播需要有产品使用体会的分享,需要了解产品,了解粉丝的需求,在介绍一款产品的过程中,不能过于复杂,要说人话,说每个粉丝都听得懂的语言。粉丝需要知道,这个产品是否适合我,或者这个产品客单价高的原因是什么。是因为配料好,还是有核心的技术专利?

主播通过体验式讲解,将产品信息清晰、完整地传递给粉丝。

当然,带来这种效果的前提是专业。

瑜大公子的专业来自他积累13年的美妆经验,学习化妆,了解美妆产品,一直坚持,从未间断。

有个朋友说,商业里最大的门槛是积累。在决定做商业行为前,需要考虑清楚,自己的核心竞争力是什么?为什么只能是你,而不是别人?这个朋友给出三点建议:

其一,建立起很高的门槛。比如美妆,瑜大公子积累了13年,从不间断,培养了自己专业的美妆知识和经验,对于99%的人来说,这就是最大的门槛。门槛是需要不断积累的,积累到一定节点,自然就爆发了。

其二,有雄厚的资金实力。别人手里只有10万元,而你手里有1000万元,资金实力是对方的100倍。你可以将1000万元资金,分成10份乃至100份,进行项目孵化,孵化成功的项目再考虑复制和放大,没有资金实力的人则会直接输在起跑线上。

其三,有唯一性的资源优势。你能拿到别人拿不到的资源,而且具备唯一性,也是他人无法替代的。

毫无疑问,瑜大公子的成功符合第一条:通过13年积累,建立起自己在美妆领域的门槛。

看到很多主播半路出家,靠开美颜来欺骗用户,瑜大公子就很生气：为什么不把时间用在自己的专业上呢？多看一些护肤类的书籍，学习一些护肤类的知识，以及化妆的经验和技巧，再去引导粉丝做正确的事情。

——化妆是光影结合的艺术，我打的妆容，是要暗面暗一点，还是亮面亮一点？我们的皮肤是有折叠度的，通过光影的修饰，能够从视觉上让别人觉得我脸变小了，但它不是真的变小了。就像有人抹个面粉在脸上，它也是光滑的，根本看不出粉体是否细腻，粉是否均匀，光学折叠度是否折叠好了，就是这个道理。

——如果你对美妆不了解，不如做相对容易了解的领域，对专业技术要求不高的领域。美这个事情是见仁见智的，找100个化妆师，化同一个人，最终呈现出来的是100个不同的样子。

就像哈姆雷特，一千个人眼中有一千个哈姆雷特。

归根结底，这源自每个人对于妆面的理解，对美的理解是不一样的——眉毛的粗细，眼线的粗细，腮红的颜色，修容的颜色，头发的造型——不一样的妆面，带来不一样的美。

在行业里，几乎所有主播和运营都认为直播话术是极其重要的。实际上，在瑜大公子的理解里，在直播过程中，没有固定的直播话术，直播话术并无任何技巧可言。

最好的直播话术是反套路的。最好的产品必须洞穿它的底层逻辑。放在直播电商领域，一个优秀的主播，必须是内容的好朋友，有坚实的底层逻辑：

主播靠专业获得粉丝的认可；

靠信任建立跟粉丝的链接；

靠优质内容形成自己的风格；

靠服务建立更加长效的链接。

直播话术是主播个人风格的呈现：你是知识型主播，还是幽默搞笑的段子手主播？

瑜大公子认为，好内容的呈现并非他一个人的功劳，离不开团队协作。

——我经常跟一些媒体说，我的账号不是我个人的IP，"瑜大公子"账号是遥望网络开在快手的旗舰店。为什么把自己比喻为旗舰店？因为遥望网络几百上千人在背后的付出是由我来呈现的，但功劳不是我一个人的，我只是呈现这个画面的人。就像我们去超市，背后运营的人员有很多，但我们只能看到货架上的商品在这个时间出现在这个地方。它为什么这个时间出现在这个地方,价格是谁谈的,原料是谁做的,运是谁运的,货是谁发的,背后有一大群人。

——我给大家提供优质的服务,在提供服务的同时,与粉丝共情,粉丝能获得一些好的能量或知识,这就是我做直播的意外收获了。

第五节　直播电商的下一站

2020年是直播电商元年(以新冠疫情爆发为标志,各个行业迅速进入后疫情时代,从某种程度上,疫情加速了直播电商的崛起和爆发)。而在之前一年,直播电商的风向标还在快手。

2020年,快手日活3.75亿,抖音日活3亿多,两者势均力敌;一年后(截至2021年10月),快手日活仍旧保持在3.75亿,抖音日活已经过6亿。

淘宝、快手、抖音作为直播电商三巨头,其格局正在潜移默化中发生变化。

直播的下一站到底在哪里?瑜大公子和遥望网络的下一站在哪里?作为新兴的事物,直播电商有很强的不稳定性和不确定性,我们必须在未知中拥抱创新和变化。

毕竟,商业中的最大成本是时间成本。

2019年,快手一度成为直播电商的风向标:更早一些,快手某主播单场直播带货1.6亿元,成为快手转型直播电商的标志性事件。随后,快手通过启动燎原计划等一系列举措,加速自身的商业化进程,推动整个平台从秀场直播往直播电商转型。

这时,抖音通过与阿里合作开始崛起,视频带货成为风口。抖音最大的优势是视频带货(账号通过发布"种草"视频,在视频下方挂小黄车,用户点击后跳转淘宝、天猫下单购买产品),快手最大的优势是直播带货,但进入2021年,抖音在直播电商上加足马力,大有一举超越快手之势。

说到这里,不得不提到抖音和快手的产品逻辑和定位。

抖音开创了信息流逻辑和算法逻辑。抖音根据算法逻辑,向用户推荐内容、电商等用户需要的东西,于是成就兴趣电商。

除了算法逻辑,快手更强调人设的重要性。快手以人为本,人是第一要素,从而成就社交电商。

据说,原快手CEO宿华在入职快手前,曾是抖音和快手两个平台的算法顾问。同样的算法逻辑,应用到不同的产品逻辑上，结果截然不同。

吊诡之处在于，抖音越来越像快手，快手越来越像抖音。他们似乎都想借用对方的优势，来补足自己的短板。

事实上，做回自己就够了：用户不需要两个抖音，也不需要两个快手。

作为遥望网络的S+级主播，瑜大公子的下一站在哪里？遥望网络的下一站在哪里？放大到整个行业，直播电商的下一站在哪里？

谢如栋说，瑜大公子是遥望网络的标杆，虽然不能说引领整个直播电商行业，但至少可以引领所有的"遥望人"砥砺前行。瑜大公子单场带货能卖3.68亿元，那么未来是不是还能卖到5亿元，卖到10亿元？

当瑜大公子卖到3.68亿元，别的明星或主播就在考虑，他们能不能突破自己的天花板？对团队来说也是一样，他们操盘过3亿多元的货盘，难道不想接着突破自己，操盘5亿元的货盘？

当然，单场GMV超过5亿元的公司或主播，目前全国不超过3个。

如果瑜大公子单场GMV破5亿元，意味着他将直接进入超S级主播的行列，站在行业巅峰，成为直播界的"四大天王"。

谢如栋举例,有个学校出了一个状元,学校整体的教学质量、学生的自我荣誉感、学生的奋斗目标等,都会随着冠军的诞生得到提升。

这是榜样的力量,这是精神的指引。

每一个人都会坚定信念:我们学校可以考出这么好的成绩。

必须承认,单场GMV能卖5亿元的主播,不单是对主播的考验,更是对整个团队的考验:需要供应链的配合,客户的配合,运营的配合。团队必须具备足够强的服务支撑能力,能够承载任何一个主播的发展。

对遥望网络来说,瑜大公子就是灯塔。在灯塔的带领下,遥望网络开始按照同样的标准,孵化或培养更多的头部主播。

谢如栋说,当一个主播单场GMV超过5亿元,那么,他将达到无法复制的地步。对主播来说,单靠努力是不够的。在时间的赛道里,直播电商的标准和天花板不断被拉高,包括行业和所有主播。

对瑜大公子来说,他未来还要面对更加艰苦卓绝的巅峰之战。毕竟,他离超S级头部主播只有一步之遥。

为了抵达最后这一步,遥望网络不断强化对瑜大公子IP的深度运营:

第一,瑜大公子把性价比最高的产品卖给更多的人,让更多人使用他卖的商品,了解他,跟他建立感知。

第二,全方位完善公司的运营体系、直播体系、物流体系、售后服务体系,从公司和团队层面承载瑜大公子的爆发式成长。

第三,瑜大公子从主播往更高台阶转型:上综艺节目,参加北京国际电影节,参加《时尚芭莎》的活动,出席美妆产品的新品发布会等。另外,遥望网络凭借直播电商的流量优势,让很多品牌方为瑜大公子量身定制产品,跟产品方面的合作甚至比艺人更深。

随着瑜大公子和遥望网络成为直播电商领域的领头羊,不断有人来问方剑:你们的体量这么大,为什么不自己做个品牌?

方剑的回复毫不犹豫:卖货是卖货,品牌是品牌,这是两个基因,两个团队,两种运营方式,两种老板,两种不同的性格。

这也符合谢如栋一贯以来的观点:

我们可以投资品牌,但不会自己做品牌。真正做产品的人跟我们是不一样的,我们做不好产品。每个团队有每个团队的基因。而且,我们不能既做运动员又队裁判。作为裁判,他热爱运动,即使他的运动水平不高,做裁判的水平高就好了。运动员做好运动员的事,裁判做好裁判的事。我们是做动销、做营业额的公司,做产品的人本质是做用户,感受产品的卖点,他们坐得住,我们很着急,着急是做不好产品的。

而且,这种认知和思维在遥望网络内部达到高度的统一。

邵钦谈到直播电商时说:"专业的人做专业的事,团队的基因很重要。做 marketing(营销)和做 sales(卖货)的人怎么可能坐在一起吃饭?卖货的是我们这样的人,做营销方案的是在上海外滩边上吃着牛排喝着香槟,聊品牌未来的发展方向,完全不是同一群人。"

直播电商的未来在哪里?没人说得清楚。几年前,有人说直播电商的天花板是4万亿元,但4万亿元的数字是怎么计算出来的?

谢如栋觉得很纳闷:直播电商是一个新兴的事物,现在还在起步阶段,没有人敢预判未来。在一个瞬息万变的时代,谁敢预言未来?而且,直播电商的形态随时在发生变化,有很多的不稳定性和不确定性,谁敢说三年五年以后如何。

不管怎么说，遥望网络是一个拥抱变化的团队：如果别人创新了，我们快速跟进；如果我们创新了，我们要跑得更快一些。

直播复盘笔记

> 密涅瓦的猫头鹰到黄昏时才会起飞。
>
> ——黑格尔

第一节　CEO直播复盘笔记

和销售客服类似,直播电商的整个过程也分为直播前、直播中和直播后。直播前最重要的是直播解构,进行目标任务分解;直播中最重要的是保证直播有序进行,通过主播的直播呈现和团队的精细化运营,完成销售指标;直播后最重要的则是直播复盘。

顾名思义,直播复盘就是对已经结束的直播进行回顾。直播复盘的目的只有一个:找出并分析直播数据背后隐藏的信息,为了下一次直播的数据得到更好的提升。

从谢如栋的角度回顾,直播复盘需要考虑两个核心指标:销售额和分钟单位产出。将这两个核心指标和直播前的直播解构图进行比对,对比预期表,进行数据对比分析——如果超出预期,探讨超出预期的原因是什么;如果没有达到预期,找出没有达到预期的问题在哪里。

为此,在瑜大公子和团队的直播复盘会上,谢如栋对比直播前的直播解构图,通过数据分析比对,找出直播中的问题所在。

平静的一天即将结束。猫头鹰从屋顶起飞,在天空滑翔,从更高处洞察发生过的每一个事件。

——这跟直播复盘的过程何其相似。

从理论上来说,直播结束,团队需要对这场直播复盘。下沉到一线初期,谢如栋经常带团队进行直播复盘,随着公司业务盘越做越大,他带团队进行直播复盘的频率比过去少了很多。

从他的角度,复盘需要考虑两个核心指标:

第一,销售额(GMV)。

第二,单位产出(按照分钟计算)。

谢如栋要求运营将直播销售数据整理出来,对销售额和货品进行排序。有时候销售额高只能证明卖得多,不代表单位产出高。可能是重复上架好多次,也可能是上架时间特别好。那么,这个时间如果上架别的品,是不是能卖得更好?

当然,运营还需要考虑单位产出的前置条件:这个品是几点上的?是第几个品?在线人数多少?运营人员必须计算单位时间的产出成本：50万人在线的时候，单位产出是多少？5万人在线的时候，单位产出是多少？

由此计算出每分钟单位产出：产出/（时间×在线人数）。

比如，直播间A货品，5分钟时间，在线50万人，产出500万元，单位产出为2万元/分钟；

直播间B货品，5分钟时间，在线10万人，产出200万元，单位产出为4万元/分钟。

毋庸置疑，B货品的单位产出更高。

为什么B货品的单位产出这么高？直播时发生了什么？这个货品是排在哪个时间段上架的？为什么没有放在前面在线50万人的时候上架？如果放在那个时间上架，单位产出是不是更高？

每场直播前，团队要做直播解构图，上面有预期表和预期产品计划。比如货品预期能卖500万元，结果上架后只卖了50万元。复盘的时候根据单位产出，对比预期表，为什么没有达到预期？把直播录屏拉出来回放，看问题出在哪里。为什么在线人数没有拉上来？是主播没有提炼出产品卖点，还是产品本身有问题？

如果远远超过预期，也要计算单位产出，看录屏回放，探讨超出预期的原因是什么。

2021年10月19日下午，为了迎接即将到来的"双十一"电商节，谢如栋召集瑜大公子和团队进行直播复盘。

在这次直播复盘会上，谢如栋谈了五个方面的问题——

1. 单位产出的商品排序

按照单位产出，把过去一段时间直播中的所有商品排序，包括每分钟的单位产出和利润。理论上来说，应该是一个自然降序，如果中间降得特别快，说明商品有问题。

2. 改进直播节奏，把货品做深做透

目前，直播节奏还有提升空间，运营需要及时跟进。把一个货品介绍得特别好是远远不够的，关键是要改进直播节奏，找准直播卡点。

直播中不要迷恋SKU数，要减少SKU数，把货品做深做透。

3. 提高视频完播率，优化视频内容

正经的视频（指介绍产品等严肃视频）完播率都很低，"不正经"的视频（指有趣的视频）完播率都很高。为什么？生活已经很累，大家都想轻松好玩一些。

瑜大的账号在关注页的CTR[①]数据不错，但发现页的CTR数据偏低，说明一个问题：视频内容对新用户吸引力不够，这跟视频的封面、文案、内容有很大关系。

4. 把控好节奏，做好直播和货品解构

把控好运营节奏和卖货节奏，做好直播和货品解构，把重点商品解构到很细，挖掘核心卖点，提炼卖货文案。

另外，拓展新的货品，组新的机制，把新品做成直播间的标杆。

比如一场直播销售50个商品，不用平均主义，打法上要有主次，重点推其中10个产品，不论是坑位费还是单位产出，都要拉到最高。

5. 直播排期的内容要更清晰

小场（指A级直播）是小场的模式，大场（指S级、S+级直播，尤其是S+级直播）是大场的模式。

小场用来练新品，做新品测评，拉升人气，挖掘爆款商品，给大场备货。

[①] Click-Through-Rate，点击通过率。指网络广告的点击到达率，即该广告的实际点击次数除以广告的展现量。

大场则用来冲击超头部主播,每个月要有一定次数的大场才能打造出超头部主播。

团队需要好好规划,哪怕小场也不要随意混播,还是要有逻辑,门槛需要提高,比如:GMV是不是能再往上走一走?

直播复盘临近结束前,谢如栋提出两点展望:

瑜大这里要想办法把GMV拉到更高,拉开跟第二梯队的差距;

立一个目标,即将到来的"双十一"期间,希望瑜大能有一场直播GMV破5亿元。

第二节　团队直播复盘笔记(选品篇)

原则上,每场直播结束都应该进行直播复盘。瑜大公子和他的团队基本上每周进行一次直播复盘。

开跃认为,直播复盘中最核心的两个方面是选品和运营。前者具体指直播的选品运营,后者具体指整个直播运营。

在直播电商中,选品是至关重要的一环。到底哪些才是爆款产品?爆款产品的标准是什么?如果突破选品的困境?

开跃在直播中引入一个新概念叫产出权重，设计出计算公式，根据产出权重进行选品排序。

除了产出权重，开跃认为团队还需要洞悉用户的购买行为和动机，了解用户需求，而不是陷入自我的困境里去。

每周最后一场直播结束后，开跃带领小组负责人统一进行直播复盘。针对本周3—4场直播进行回顾——

选品有没有什么问题？

为什么卖得这么多/少？

产品排序有没有进一步优化的空间？

产品排序的逻辑是什么？

……

如何突破直播选品的困境

过去直播做美妆专场，全场只卖美妆，其他产品一概不卖。事实上，用户在购买美妆时也会有其他需求。

随着瑜大公子从美妆垂类拓宽到全品类，团队经常遇到混场直播。混场直播中，团队突然陷入一种困境。

这时团队的选品逻辑是：

直播中销售的第一个品是化妆品，第二个品是不是只能卖化妆品？也许用户买了彩妆，同时需要搭配一些面膜。第三个品是不是可以接着卖精华液？从选品运营的角度，这个逻辑看上去无懈可击，符合用户护肤的套路。

几场直播后，通过对直播数据进行分析，大家发现这个逻辑有问题。

每个平台的转化率是不一样的。

以快手和抖音为例，抖音的流量是公域流量，运营人员通过流量投放，可以把直播间人气始终控制在一个水平线上。快手的流量更偏私域流量，跟微信公众号的逻辑一致，直播间人气最高峰集中在直播开播后两个小时，两个小时以后，直播间人气逐渐下滑。

针对GMV来看，这个逻辑存在很多漏洞：第三个品不是爆款，卖不动，产品排序却把这个品放在第三个位置上，而这个时候恰恰是直播间流量高峰，这对整场直播的GMV必然有很大影响。

那么，用正常逻辑对产品进行排序，在直播开始后两个小时的流量高峰期，应该推荐爆款产品。

问题接踵而至：到底哪些才是爆款产品？爆款产品的标准是什么？

根据产出权重进行选品排序

开跃在直播中引入一个新概念,叫产出权重——就像行业里有个说法叫直播权重一样。直播权重指主播在直播过程中直播间的权重,通过同时在线人数、人气热度、电商销售转化率等多个维度进行计算。直播权重越高,说明平台对主播越友好。产出权重的计算公式为:GMV/直播间同时在线人数。

比如直播间A产品GMV是100万元,同时在线人数是10万人。那么,A产品的产出权重是100/10=10;

B产品GMV也是100万元,同时在线人数是5万人。那么,B产品的产出权重是100/5=20;

结果证明,团队在选品排序上有问题。这两个产品的产出权重一目了然:B产品是20,A产品是10,B产品的转化率更高。团队应该把B产品放在前两个小时人气最高的时候上架,而不是放在人气低的时候上架。如果放在人气10万的时候上架,B产品的GMV应该可以做到200万元。

洞悉用户真正的购买行为和动机

除了产出权重,团队在产品排序中遇到另一个选品逻辑:是不是第一个小时只能卖美妆,第二个小时只能卖食品,第三个小时只能卖小家电或3C产品?

从选品运营的角度，主播是按照时间段销售产品。但从产出权重来看，这么排显然是有问题的。

难道卖完3C产品，主播接下来不能卖螺蛳粉了吗？卖螺蛳粉的转化率高，产出权重高，主播人气高的时候就可以卖螺蛳粉。

我们认为和用户下单购买，是两套逻辑。前者是想象逻辑，我们认为怎么样；后者是现实逻辑，实际上是怎么样。

——我们认为用户买了套盒，还需要买面膜，纯属想当然。就像主播卖给用户一口锅，认为用户有了锅，也许还需要买几袋螺蛳粉回去做饭，或者需要买锅铲，而实际上，用户也许根本不喜欢吃螺蛳粉，或者没打算买螺蛳粉和锅铲。

——用户下单购买的行为和动机是：今天我需要买化妆品套盒，就买化妆品套盒；需要买家电就买家电；需要买零食，就买一些零食。这些类目可能风马牛不相及，彼此之间并不存在任何逻辑关系。

因而，我们必须洞悉用户真正的购买行为和动机，否则就会陷入一种自我设定的困境里去。

谁说用户买了火鸡面，就一定需要喝饮料？当然，并不是说下一个品不能卖饮料，但肯定不能是转化率很低的品。就算这个逻辑顺理成章，也是生活意义上的顺理成章，而不是转化率上的顺理成章。

所以，引入产出权重概念后，团队直播复盘的时候，对比直播中的排品顺序和产出数据，结果不言而喻：如果产出权重和排品顺序一致，说明产品排序是成功的；反之，产品排序是有问题的。为什么会出现这样的问题？下一步如何优化？未来如何规避？

这些都是团队在直播复盘时需要探讨的问题。

第三节　团队直播复盘笔记（运营篇）

直播复盘中，除了直播选品，另一个重要因素是直播运营，包括内容运营、直播运营、店铺运营、流量投放等。

比如直播中内容运营做了哪些工作？发布多少视频？是不是因为数量影响了直播的流量？前期如何评估筹备内容的数量和质量？

这些问题似乎没有标准答案。

经过对一次次直播的数据进行分析，团队进行反推：能达到这样的产出，之前做了多少投放？达成多少曝光？

从内容运营，到店铺运营，再到直播运营，最后到物理空间的数据运营，每一项运营的核心是什么？如何进行优化和调整？

很长一段时间，直播复盘会上，大家想到哪里说到哪里，没有体系和逻辑。开跃随后作出调整：每个小组内部先进行直播复盘，形成直播复盘文档。组长带着文档参加团队的直播复盘，形成会议纪要。

内容运营：从猎奇到情感

通过直播复盘，内容运营做过一次比较大的调整。

2020年9—11月，瑜大公子经历四场崛起之战，内容以猎奇为主，福利多，场面大。

在快手上，用户很喜欢这样的内容，所有人都在拼场面：瑜大团队拍个手机视频，手机摆一整面墙，过两天别人摆两面墙；瑜大团队拍整个仓库的包裹，结果过两天有人拍整个操场的包裹。

在直播复盘会上，大家开玩笑说，感觉可以挑战吉尼斯世界纪录了。

有个主播喊出口号：福利有3公里、4亩地。

这个主播安排人在野外摆满福利，通过航拍镜头展示给粉丝看。

看到这个视频，开跃知道不能再这么玩了，已经没有退路，总不能用福利摆个长城吧？

2021年春节过后，瑜大公子的视频内容开始更关注与粉丝之间的情感链接。

必须承认，好的内容是一切流量的根本，但只有好的内容还不够，再好的内容也需要升级迭代。

有人做过统计，用户看同类视频40—50个（时间周期是2—3个月）会产生厌倦和审美疲劳，开始时的新鲜感消失殆尽，喜新厌旧是人性。

按照这个标准，内容运营似乎面临新一轮的转型。

店铺运营：双重确认

相比于内容运营，店铺运营相对简单：确保链接的准确性，链接不能上错；确保价格的准确性，价格不能改错。

店铺运营最容易出现两类问题：上错链接，改错价格。

在快节奏的直播过程中，店铺运营的同事一不留神可能就会犯错。有时候是信息没有同步，直播临时换品，通知没有做到同步。

直播复盘的时候，大家把这个问题抛出来，找出解决方案：大家配耳麦，增加一个工作项。上架前，店铺运营要在耳麦里面跟大家同频，确认下一个品是什么。另外，配备两个店铺运营，一人改价，另外一人确认，相当于双重确认。不过，后来改价都是由品牌商家的店铺运营改价，对于团队来说，客观上降低了出错的风险。

直播运营：两种声音归类，一次货品解构

在直播运营中，开跃带团队做了两方面优化和改进：一是对声音的调整，二是对货品解构的调整。

直播过程中，助播和主播感觉不协调，声音杂乱无章，没有秩序。瑜大公子在直播间介绍产品时，问粉丝喜不喜欢，场控和助播并不介入其中，好像直播是瑜大公子跟粉丝之间的互动。但在一次直播复盘中，有人提出质疑：助播是否需要回应瑜大公子？

直播间除了主播的声音，需要有别的声音进来。他们对声音进行归类，将直播间的声音分成两种。

第一种是人说话的声音，包括主播的声音、气氛组的声音、店铺的声音、助播的声音。

主播讲完一个品，可能漏了一个卖点，这时候助播要来补充。

主播问："这个东西线下卖多少钱？"边上有人接应："是的，线下好贵，××元一套！"

主播说："3、2、1，上架！"店铺和运营的人会吼一嗓子："1号链接！"

这是给主播的反馈和回应，这种互动的默契度无形中强化了直播间氛围。

第二种是音乐的声音,包括直播间的音效、配音、背景音乐。

除了直播运营中氛围的调整,开跃按照直播解构的思维,对货品文案卖点进行调整。

这项工作由策划的同事完成,团队内部将产品文案卖点称为"大字报"。货品解构后,最直观的是通过大字报呈现出来。产品的核心卖点是什么?如何提炼成文案?

最初的大字报排版字号很小,没有突出重点,没有标红,没有下划线、加粗等形态。

经过优化后,排版上分层次,卖点放大,视觉冲击力强,信息传递更直观,简明扼要、重点突出。

物理空间的数据运营

还有一项非常有趣的优化细节是:物理空间的数据运营。

数据运营过去只是统计数据、分析数据。但在直播复盘中,团队遇到新的问题:卖这个品的时候,它的物理空间是怎么样的,现场发生了什么?

数据运营的同事需要记一些关键性的东西,比如品上架后主播讲了3分钟还是1分钟(在数据上能直接体现)。

直播间推出一套机制,共10件产品,镜头没有完全展示出来，只呈现出来7件产品，还有3件在屏幕外（这些细节无法体现在数据运营的表格上）。

——这就是物理空间的数据运营。

同样的产品，镜头远近不同，展示效果不同；摆法不一样，带来的震撼度也不一样。

团队运营笔记

> 世上至少有两种游戏。一种可称为有限游戏,另一种称为无限游戏。有限游戏以取胜为目的,而无限游戏以延续游戏为目的。
>
> ——詹姆斯·卡斯

第一节 长坡厚雪和赛马机制

遥望网络孵化主播符合一个公司的最大成本是时间成本这一标准。项目是否具备可行性？门槛在哪里？如何在最短时间内将一个素人打造成平台头部主播？如何筛选出合适的主播？

遥望网络将赛马机制引入直播电商的主播孵化中来，创造性地提出赛马机制的孵化标准：1—1—3，分别对应1天、1个月和3个月。

实际上，大部分赛马机制都需要经历3个月左右的周期，经过至少三五轮激烈的淘汰赛——每15天进行一轮淘汰赛，淘汰末尾3名选手，继续投入资金进行下一轮淘汰赛——才能选出最后胜出的冠军选手。

20多个工作室进行淘汰赛，最终胜出的冠亚军选手同时成为遥望网络的头部主播,其中一位就是冠军选手瑜大公子。

股票市场有个说法:长线是金,短线是银。原因是长线的利润最丰厚,短线只是取得暂时性收益。

难怪有人说,顶尖高手几乎都是长期主义的信徒。

比如苹果的缔造者乔布斯,特斯拉CEO埃隆·马斯克,亚马逊创始人贝佐斯,以及股神巴菲特。

股神巴菲特最为人所津津乐道的名言是——人生就像滚雪球,最重要之事是发现厚雪和长长的山坡。

厚雪指企业要有足够强的盈利能力,而长坡指企业所处赛道的天花板足够高,可以支撑企业长期增长。

遥望网络带着流量基因,快速进入"长坡厚雪"的直播电商赛道。

以瑜大公子为例,第一场直播卖白牌货,从第二场直播开始,谢如栋果断做出策略上的调整,想要立标杆,做头部,必须卖品牌货,要看长期价值,而不能只看短期利润。

遥望网络成立于2010年11月,初期从事流量聚合业务。

2016年起,遥望网络重仓进入微信赛道,聚焦于美妆、汽车、情感和读书4个频道,快速累积粉丝近3亿。

2018年11月6日,遥望网络进军直播电商赛道。

2018年12月,遥望网络与深交所中小板上市企业星期六

（002291）完成重组上市，成为直播电商概念的一家A股上市公司。上市公司星期六凭借持股遥望网络，股价多次涨停。

随后，遥望网络把赛马机制引入主播孵化中来。

在打造公司的过程中，谢如栋将公司比喻成一艘远洋大船：

我们会进入广告的海域；

我们也会进入游戏的海域；

我们还会进入直播电商的海域。

在发展广告业务和游戏业务时，公司内部孵化项目就是采用赛马机制，最多的时候成立19个小组，分别孵化不同的细分产品。

进入直播电商的海域以后，遥望网络同样采用赛马机制——成立主播工作室，每个工作室放一个主播，三五个运营人员。

赛马机制的孵化标准是，1—1—3。

第一个"1"指的是1天，单场回本（客观来说，这种可能性很小，运营需要采用最大公约数，一般至少需要一段时间的数据观察、采集，才能更接近事实本身）。工作室团队运气不错，仅用1天时间就把项目跑出来，跑出来的标准是当天做到盈亏持平。比如工作室当天开直播，投入10万元，直播结束后,ROI做到1∶5(佣金20%的情况下),才有机会实现单场回本。

第二个"1"指的是1个月,单月回本。工作室团队花1个月时间,把项目跑出来,实现盈亏持平。

第三个"3"指的是3个月回本。工作室团队经过两个月试错,在第3个月,把项目跑出来,实现盈亏持平,这是每个小组的极限值。

超过最长期限,视为孵化失败。孵化失败的小组合并到孵化成功的小组里去,把成功的基因和团队放大。

0—1的建模完成,后面就是做复制性的工作。

在这个孵化标准下,遥望网络以15天为一轮,给每个工作室一样的资金和资源。

比如第一轮赛马,10个主播,遥望网络给每个工作室100万元资金。半个月后,对比GMV、ROI、转化率、复购率等维度的直播数据,形成一个排行榜,排行榜最后3位被淘汰。

紧接着,进行第二轮赛马,再给每个工作室300万元资金,继续跑。

第二轮接着淘汰3位,剩下4个主播,继续第三轮赛马。

在如此激烈的竞争下,瑜大公子始终保持在排行榜第一名。

方剑认为,赛马机制的核心标准是:

数据模型能不能无限放大？单一的GMV数据没有用，如果一个主播每天卖1万元，ROI做到1∶10，但是如果持续一段时间还是这个数据，那么这个主播不值得培养。换句话说，如果一个主播今天卖了1万元的货，第二天卖了10万元的货，第三天卖了100万元的货，不用问，这个主播就是遥望网络想要拼尽一切代价培养的。

当然，赛马机制的过程，对团队的成长速度也是一个考验。

为什么要选择赛马机制？

赛马机制的初衷是测试项目的可行性，筛选出合适的主播。毕竟，没有人天生是做直播的，只有通过数据复盘，才能证明这个主播适合某个赛道。

在遥望网络看来，公司运营中最大的成本是时间成本。遥望网络擅长流量运营，流量运营的方法论本质上是相同的，但流量的风口一直在变：从PC时代（站长群）到微博时代，到微信时代，再到直播电商时代……

移动互联网的更新速度非常快，所以需要抢时间，跟时间赛跑。

在同一片海域，派出8个或10个项目组，做的同样都是直播电商的业务，回传到公司总部的所有数据模型和模板，有助于看清整个行业，挑出一个模板，马上可以复制。

——这是速度最快的。

2018年11月6日,快手购物节第二天,遥望网络立项直播电商项目。基于产品立项做了一个App叫"红人好货",帮助主播做供应链管理。后来发现,主播根本不会使用这个App,因为没有成功模型和案例。而且,抖音、快手等平台自己可以做好物联盟。

于是,遥望网络转型做类平台,从平台思维转型为主播孵化思维。

针对主播,遥望网络也做了相应的分级标准:S级、A级、B级、孵化期。

S级主播,属于公司头部主播,标准是年度GMV超过10亿元。

A级主播,年度GMV超过2亿元。

B级主播,年度GMV低于1亿元。

孵化期主播竞争非常激烈,20多个工作室孵化主播,最后跑出来的主播只有两位:瑜大公子和李宣卓,其他工作室孵化计划宣告失败。

在遥望网络竞争激烈的赛马机制下,只有瑜大公子和李宣卓两人突围而出,这显然不是单靠幸运能解释的。应该承认,正是瑜大公子自身的能力才让他在赛马机制中一骑绝尘。

第二节　带着最高任务做直播

斯坦尼斯拉夫斯基在《演员的自我修养》一书中提出"最高任务"概念,并给出解释:在戏剧演出时要传达出剧本作家的思想、感情、理想、痛苦和喜悦,这就是演出的最高任务。

演员不能为了表演而表演,他必须付出全部的情感,带着最高任务进行演出。我们可以理解为,最高任务是一个演员的最高精神法则。

开跃认为,"最高任务"这个概念同样适用于直播电商——每一场直播都有它的最高任务,所有人都应该带着最高任务来做直播——主播要有主播的最高任务,选品要有选品的最高任务,运营要有运营的最高任务。

2016年大学毕业后,开跃在影视公司做了一段时间的视频编导,后来开始尝试做短视频,接触淘宝直播。

当年年底,开跃进入直播赛道,做淘宝直播,制作PGC[①]

[①] Professional Generated Content,专业生成内容。指通过专业人士制作输出内容。

内容的美食综艺节目。半年后,开跃给主播云小楠做UGC[①]的美食节目,每天一场直播,同时在线人数一两百人,每次直播卖货1万元左右,一个月累死累活卖30万元左右。这在当时已经是非常好的成绩,但是没多少利润,养活不了团队。

这一干又是半年。

半年后,开跃机缘巧合转型做"孔雀公主"的账号,做珠宝饰品的直播,单场直播能卖8万—10万元,其间断断续续还做了美食账号"膳先生"。

2019年4月,开跃入职遥望网络,迈进快手的直播电商赛道。

3个月后,遥望成网络立工作室,开始孵化素人主播。

开跃毛遂自荐,成立吉更工作室,担任工作室负责人。公司给了工作室极大的自主权,可以自主签约孵化主播。

淘宝直播两年多的经历让开跃一开始就把赛道选在美妆类目。做直播运营的一个同事在招聘网上刷到一份应聘简历,约对方到公司面试。同事约的这个人叫周瑜,也就是后来的瑜大公子。

第二天早上,开跃负责给周瑜二次面试。在沟通过程中,开跃发现周瑜身上有几个特质非常清晰:他非常清楚自己想

---

① User Generated Content,用户生成内容。指由用户原创制作输出内容。

要什么；对美妆非常热情和专业；工作和生活都极度自律；充满赚钱的欲望。

开跃认定，这样的人想不成功都难。

几天后，周瑜来到公司，跟遥望网络签约，成为公司的一名主播。大家一边给周瑜做直播运营的基础培训，一边喊上小组所有人员，沟通账号名称，想了一堆名字，最后通过投票的方式，选出一个名字：瑜大公子。

瑜大公子开始在快手上0粉丝开播，前后经历了给快手大大小小的主播打榜，全国各地飞来飞去给王祖蓝当助播，以及小店通流量的程序化采买等几个不同阶段。正是在这种快速迭代的直播过程中，瑜大公子逐渐成长为一个成熟的主播，真正开始自己作为电商主播的直播生涯。

作为主播，每次开播前需要考虑清楚，这场直播是为了用低客单价产品冲销量，还是要高客单价产品提升GMV。

无论前者还是后者，它都有一个最高任务。

"每个演员都应该揣摩在剧本深处的最高任务，并在自己的心灵中找出对它的反应，形成自己的最高任务。同一角色的同一最高任务在不同的扮演者心中有不同的反应和体验，从而具有每个演员自己的特色。这会使最高任务和角色变得生动有趣。"

按照斯坦尼斯拉夫斯基的标准,一部作品如果具有天才的最高任务,那么它的吸引力就是无穷的;反之,吸引力就是弱的。

"演员应该自己找到最高任务并热爱它。如果这个最高任务是别人指给他的,就必须亲身去体验这个任务,并受到它的感染。换句话说就是,应该学会将每一个最高任务变成自己的,这就意味着需要在任务中找到与自己的内心相近的内在实质。"

开跃从家里开车到公司大概需要半个小时。

路上的时间,开跃边开车边听电子书。偶然听到一本书里讲到演员的最高任务——很多演员在表演的时候,为了表演而表演,并不能理解这场戏的目的是什么。但如果演员带着最高任务来表演,就会非常清楚自己的目的是什么,要完成什么任务,这个任务中呈现出来的天性、喜怒哀乐等,所有的这些要素都将指引演员奔赴他的最高任务。

开跃琢磨:这跟直播还挺像的。做三场五场直播还好,一年做几百场直播,难免文思枯竭。大家想创意或主题的时候,总感觉这个专题之前播过,那个也播过。

如果换个角度,一旦有了最高任务,情况似乎开始变得截然不同。

开跃认为,每一场直播都有它的最高任务,要在直播中找到属于它的最高任务,并且热爱它。

直播团队必须清楚——今年的目标是什么,这个月、这个星期,甚至这一天的目标是什么。

所有人都应该带着最高任务来直播。在直播中,跟直播强相关的是主播、选品和运营,他们都要有各自的最高任务。

比如今天直播的最高任务是GMV破1亿元。主播作为直播电商的核心,这个就是他的最高任务。选品的同事要考虑,选多少品,选哪些品,分别达到多少销售量?运营的同事要考虑,投放多少资金、发布多少视频、播放量多少、涨粉多少?直播期间,直播氛围怎么做?店铺运营怎么配合主播上架?助播怎么配合主播?

当然,如果面临不同的最高任务——我今天要做到多少GMV?或是我今天要做到多少利润?——这是两种完全不同的运营思路。最高任务不同,对应的目标截然不同。

为了做利润,福利品可能不会那么多。如果说今天的直播是为了把人气做上去,突破一个纪录,可能需要很多1元钱的东西让大家来抢,然后再考虑怎么做转化。

开跃以女神节的直播为例,详细阐述主播的最高任务——

2021年3月,瑜大公子的快手账号突破2000万粉丝。为了回馈粉丝,团队把客单价做到很低,目标冲刺1亿元,哪怕平均客单价50元,直播销售200万单,就能破亿。

到底能不能做到200万单?第一个品能不能销售10万单?第二个品能不能销售5万单?

——每过50万单,我们就拍一下数据给主播看,给粉丝看,我们现在已经发了50万单的福利。我今天只发福利,我的东西很便宜。到100万单再给大家看,我今天发了100万单。主播就像上台阶一样,我发了10万单,他离200万单的目标就更近一步。

主播只有一个任务:今天卖够200万单就可以了。

作为运营,需要注意的是直播产品的客单价。有时,虽然订单量达到了200万单,GMV也已经破亿元,目标已经达成,但是这可能并不是因为主播卖了多少客单价高的产品,而是因为福利很多产生的订单量暴涨。这时运营也需要有意识地控制直播产品的客单价。

当订单量达到200万单,但客单价只有40元,GMV没有破亿元,只有8000万元,这时候,运营就得往回拉升客单价高一些的产品,提高全场直播的GMV。

当然，除了具体的目标，最高任务还有一点非常重要：

做直播时需要定主题，比如某某品牌专场、"5折天"专场、周年庆等各种各样的主题。很多主题只是一个名字，不能给粉丝带来任何心理暗示，粉丝对这个主题并没有很强的感知，那么，能不能更深一步，把更有指向性的东西挖掘出来？比如说今天是宠粉节，主播要怎么去宠粉？送很多东西吗？送哪些东西？还是说今天价格很低？是9.9元秒杀还是1元秒杀？

一场直播必须有很明确的指向性。在直播的主题背后，要非常清楚一个目标——我们到底要干什么？

第三节　直播选品的四个流程和三个标准

无论传统电商还是直播电商，在运营中都离不开三个核心要素：选品、文案、运营。选品的好坏直接影响直播电商的GMV。

对于瑜大公子，直播选品也是其制胜法宝中至关重要的一环。

那么，瑜大公子团队是怎么做选品的？选品规则和标准是什么？选品需要经过哪些流程？

经过不断优化,瑜大公子直播选品必须经过四个选品流程,并且符合三个标准。四个选品流程分别是:线上招商选品、主播工作室筛选、品控抽检、主播定品。三个标准分别是:选品逻辑、选品要求、全网比对。

瑜大公子工作室直播选品的对接人是婉清。

2019年六一儿童节,婉清入职遥望网络供应链部(现已更名为招商部),比瑜大公子签约遥望网络的时间早一个多月,当时部门只有3个人。

直播选品流程一:线上招商选品

自2020年"双十一"直播GMV突破3.68亿元后,瑜大公子团队在选品上从上半场的人求货,进入下半场的货求人,更多知名品牌找上门来合作。截至2021年10月,希望跟瑜大公子建立合作的美妆品牌超过1000家,全品类的数量多到无法统计,SKU以万为计算单位。这些品牌产品通过遥望网络的线上招商选品系统,源源不断地进入选品池后台。

为了应对海量的产品,遥望网络自主开发了线上选品系统。品牌方只需要在线注册,在线提出申请,将产品归类到具体的招商人员,即可提交完成。如果商家不熟悉具体对接的招商人员是谁,则只需选择好类目。随后系统会自动匹配产品类目,并将产品信息分流给对应的招商人员。

线上提报的好处不言而喻:一方面减少招商人员的工作量,另一方面让所有工作室看到选品池里面有哪些产品。

在这之前,直播选品采取的是最原始的办法——通过格式规范的Excel表格传输完成,表格里包含产品图片、产品名称、全国统一零售价、直播价、佣金(或最低供货价)、库存量、发货周期等。

收到商家提报后,招商人员开始进行选品。根据直播主题,确定直播选品类目。比如母婴专场,就会由母婴组招商人员集中筛选优质的母婴类产品。再如美妆专场,则由美妆组招商人员集中筛选优质的美妆产品。

所有初选产品,无一例外进入一个新的选品池。这个选品池的负责人是类目组副组长(类目组副组长负责确定直播选品清单,组长负责团队管理)。

类目组副组长确定第一轮选品后,将选品单交给瑜大公子的对接人婉清,再由婉清将选品单发送给瑜大公子工作室。

直播选品流程二:主播工作室筛选

瑜大公子工作室负责第二轮直播选品。最初他们隶属于一个叫排播中心的部门,后来经过流程优化,排播中心的人员分流到每一个主播工作室,目的是为了提高主播直播选品的效率。

开跃和不二带着同事进行第二轮选品,从100个SKU里筛选出50—60个品,讨论确定最终的选品清单。

直播选品流程三:品控抽检

负责品控的同事对选品进行抽检,确保产品没有质量问题。

直播选品流程四:主播定品

对于选品清单里的产品,主播有一票否决权。

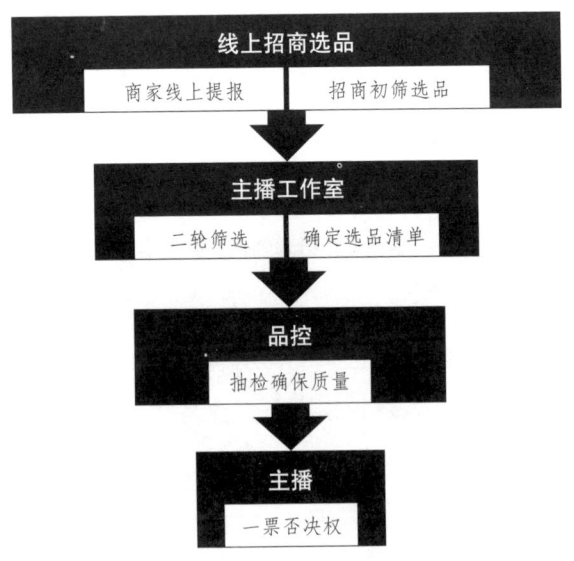

当然，瑜大公子直播选品除了这四个选品流程，还有三个非常严格的选品标准。

其一，选品逻辑

根据主播直播分级，确定GMV的金额。比如×××品牌直播专场，单场GMV目标值是2000万元。那么，任务分解需要做到，直播5个小时需要多少个SKU？主推哪个产品？爆款还是新品？单品GMV分别做到多少？比如之前直播过的一款爆款产品，销售额500万元。还有三款产品销售额各200万元，总额就是600万元。还有五个产品销售100万元。剩下的几十个产品，包括秒杀和福利在内，共销售400万元。

根据任务分解，招商部的人员开始按照这个标准去组货。

其二，选品要求

在当月月底，主播工作室发布下一个月的直播排期，品牌方根据直播时间节点来提报产品。

比如说瑜大公子某月有16场直播，品牌方会根据自己适应的类目去提报产品。

需要做专场的品牌，提前半个月申报品牌专场。如果临时加塞，工作室则在没有直播的时间里安排一天出来做品牌专场。

如果是新品牌，或没有品牌的产品，提出申报或专场，无论给的费用有多高，本着对品牌和粉丝都负责的态度，瑜大公子一概不接。瑜大公子的粉丝已经习惯了品牌货。

如果新品牌品质确实很好，或者后续有更好的推广计划，招商部会考虑试用该产品（包括推广给公司其他同事试用），试用合格后，交给主播工作室试用，尝试做短视频种草，对新品进行数据测试。

如果数据不错，主播则考虑在直播中以较高的性价比，对其中一个新品进行推荐。根据粉丝的反馈和使用后的评价，接着推出第二款产品，再之后才会考虑卖机制。

其三，全网比对

招商部需要通过三个维度对进入选品池的产品进行全网比对——

1.品牌。首先需要了解品牌的知名度、曝光度等要素。通过行业排名、线上店铺的销售量排名、小红书等平台用户的种草反馈，能够获取品牌的综合实力。

2.机制（指化妆品套装）。美妆很少卖单品，卖的都是组合套装，行业术语叫机制，比如第一套机制、第二套机制、第三套机制……机制类产品一般都会有各种赠送，对粉丝有较大的福利。

3.利润。产品要有一定利润,但更要有性价比。

第四节　直播电商的三级跳

和直播选品遥相呼应的是,瑜大公子做直播电商的两年时间里,经历了直播电商品牌进化的三个阶段:白牌产品、品牌国货、国际大牌。

有趣的是,瑜大公子的第一阶段只有短短一天就结束了。第一天直播后,谢如栋当即召集团队开会,决定从第二场直播开始,公司所有主播开始销售品牌国货。

做出这一决定,取决于三个要素:其一是直播电商的差异化策略;其二是新国货的崛起,已经成为潮流;其三是坚持长期主义,着眼于长期价值的最大化,而非短期利润。

事实证明,这个选择是非常正确的,瑜大公子和遥望网络一起创造了n个第一。瑜大公子打破了快手直播客单价不过百元的魔咒,甚至在品牌国货之后,瑜大公子和团队继续尝试国际大牌,一度将客单价提高到千元以上,刷新了所有人对快手和对品牌货的认知。

在瑜大公子之后,很多MCN机构和主播开始复制瑜大公子直播电商的品牌化策略。

第一阶段：白牌产品

有个做流量的老板曾经感慨：

> 我们之前在电商平台销售一款手表，售价500多元，卖得挺好的。突然有一天，义乌出现一款手表，跟我们的手表一模一样，成了全网爆款，价格是9.9元，全国包邮。我们的手表完全没人买了。

9.9元全国包邮，去掉邮费，卖家还要赚钱。利润从哪里来？成本从哪里降？这种产品就是所谓的白牌产品。

或许很多人不知道的是，如今的工业强国德国，在转型升级前，是全世界尤其是欧洲人眼中生产假冒伪劣产品的代名词。低端产品甚至假冒伪劣产品一度成为德国制造撕不掉的标签，很多欧洲国家拒绝和抵制德国货。随后，德国经历了从白牌产品到品牌化的战略升级，扩大了德国制造在全球范围内的影响力，成为全球工业发展的引领者。

同样，2019年，在国内的直播电商领域，尤其是在快手上，几乎所有主播都在卖白牌货，大家似乎并没有意识到品牌的重要性，或者说，即使意识到了，也不愿意卖品牌货，因为教育市场、教育用户的成本太高了。

2019年9月5日，瑜大公子在快手上首次开播，开播时卖的就是白牌货。用婉清的话来说，白牌货确实挺赚钱的。卖白牌货是瑜大公子直播电商的第一个阶段，但这个阶段只有短短一天就结束了。

作为遥望网络的第一运营，谢如栋在第一天直播后突然召集所有人开会，当场决定：放弃白牌货，从第二场直播开始，遥望网络所有主播全部销售品牌国货。

做出这个决定，大概基于以下几点考虑：

第一，遥望网络在快手直播电商上的差异化策略，是对瑜大公子的直播定位。当然，这更是一种摸着石头过河的探索和尝试。只是这种方式所付出的教育市场、教育用户的成本很高，少有人做。

事实证明，这个策略是对的。遥望网络通过自身的认知逻辑和流量运营的基因，硬是在快手平台上撕开一个口子。很长一段时间，遥望网络都是亏钱在做。他们当时面临的最大困境是，没有任何一个品牌愿意入驻快手，他们对快手的认知是，太低端了，所有主播都在卖白牌货，根本没有人愿意卖品牌货，也没有用户愿意买品牌货，大家愿意买的货品基本上客单价没有超过100元的，超过100元的都是"奢侈品"。

作为遥望网络流量投放运营的操盘手，邵钦颇为得意：遥望网络用事实证明，品牌化策略是切实可行的，也拉开了瑜大公子与其他快手主播的距离。如今，所有入驻快手的品牌国货和国际大牌，全部是由遥望网络引入完成的。

瑜大公子和背后的遥望网络一起，创造了n个第一：

牢牢占据美妆榜第一；

第一个做品牌货的主播；

第一个将所有国货品牌和国际大牌引入快手平台的主播；

第一个从素人到超级IP，在快手上成长速度最快的主播：一年时间粉丝突破1000万，两年时间粉丝近3000万，单场GMV最高峰值3.68亿元……

第二，在此之前，抖音、快手上已经出现国货风潮，大有星火燎原之势。2015年，财经作家吴晓波的一篇文章《去日本买只马桶盖》引发热议，成为当年"两会"讨论议题。中国从政府到企业再到消费者，再次掀起一场声势浩大的运动，成为新国货运动的雏形。新国货运动形成体系是在2019年前后，吴晓波频道联合腾讯等顶级机构推出新国货运动，恰逢抖音、快手短视频和直播电商崛起，并且提出三个全新特征：中华文化带来的审美自信、中国制造带来的品质自信、互联网引爆模式带来的创新自信。

此后，新国货运动开始在更广阔的范围内为大众所熟悉。新国货运动，更强调生活方式的引领，企业越来越重视技术创新，商业生态不断被颠覆，成为此时的潮流。

2019年5月，吴晓波在一次直播中谈道：中国制造业，每一个产品都值得被重新做一遍。

这个认知逻辑与直播电商的底层逻辑如出一辙：直播电商，每一个产品或类别都值得被重新做一遍。

第三，长坡厚雪：着眼于长期价值的最大化，而非短期利润。

股神巴菲特就是长期主义的忠实信徒，奉行"着眼于长期价值的最大化"——

> 我们给每一位经理人一个简单的任务，就像如下三种情况一样运营公司：
>
> 1. 你拥有公司100%的股份；
>
> 2. 将公司视为你和你的家族在世界上拥有的唯一资产，并且一直拥有；
>
> 3. 至少在100年的时间里，不可以出售公司或与其他公司合并。

作为步步高、OPPO、VIVO的"幕后老板"，中国第一位拍下巴菲特午餐的企业家，拼多多创始人黄峥的"导师"，段永平有段话说得非常好：

低价是条最容易的路,也是一条最难的路。

除非迫不得已,用价格武器总是错的。很少人明白,低价是不会扩大市场份额的,被迫降价只是有机会保住市场份额而已。

追求"性价比"的公司大多是在为自己的低价找借口。长寿公司大概是不太强调"性价比"这个概念的。老百姓心里有杆秤:好货不便宜啊。

毕竟,最终能够持久赢得用户信赖的一定是品牌货。
2021年9月25日,在上海举办的"国货发展高峰论坛"上,分众传媒创始人江南春一针见血地指出:

新的10年,中国的第一个红利——人口红利结束了,但是人心的红利正在展开;

流量的红利2018年也结束了,但中国品牌崛起的红利正在全面展开。

第二阶段:品牌国货

基于长期价值的理念和对瑜大公子的差异化策略,即必须做标杆、做头部,瑜大公子进入直播电商领域的第二阶段——品牌国货。

就像足球比赛一样，品牌国货阶段经历了上、下两个半场。只是两者之间最大的不同是，足球比赛上半场相对轻松，下半场压力较大；直播电商恰恰相反——上半场异常艰难，下半场相对轻松。

作为公司第一批孵化的主播，瑜大公子0粉丝开播，通过秒榜迅速涨粉，但粉丝量仍然不大，销售额有限，找客户谈合作，对方没有任何合作意向——很客气地说缺货，或者找个理由委婉拒绝。

这是所有MCN机构在做直播电商时面临的共同困境——几乎每个公司都无一例外陷入鸡生蛋还是蛋生鸡的死循环中。在这种情况下，大部分公司通常的做法是自己花钱采购货品给主播，通过自己的仓库发货。

瑜大公子也不例外。

然而，采购的代价很高，每次采购至少10000单起步，不然无法获取相应的价格优势。而且，品牌方会做控价，比如最低不能低于99元，最高不能超过199元。在这个区间内，主播才享有任意定价权。

第一次采购杭州某个国货品牌时，婉清到了对方公司，有个负责京东运营的专员接待了她。随后，婉清将情况汇报给公司领导，谢如栋毫不犹豫，直接批了200万元现金，让婉清购买2万套机制。

当时，这个国货品牌在直播领域的销售额为0。如今，这个品牌每年销售额超过5亿元，其中光是瑜大公子一个人的销售额就超过1.5亿元。该公司当初的京东运营专员也因此成长为公司运营总监，全权负责公司的直播电商业务。

有个百年老字号品牌的董事长跟一个朋友聊到直播电商，说了一句话："我们目前只跟一位头部主播合作，其他主播一律不考虑合作。"

当然，这个董事长说这话的底气有两点：

第一，他的品牌是百年老字号，产品品牌够硬，销售量够大；

第二，那位主播跟他们品牌签订了战略合作，每个月固定销售他们的产品，而且坑位费低到不敢想象，每次直播订单量都是10000+，这就是品牌的优势。这跟明星为国际大牌产品免费做代言的道理如出一辙，通过免费代言国际大牌产品，身价暴涨，然后给国内品牌或新品牌做代言时才能收取最高价格的广告代言费。

这个董事长说出了很多大品牌方的心声：更愿意跟头部主播合作。头部主播往往也会给出独家和价格等不同维度的优势。

就像2020年"双十一"前，有个MCN机构想邀请品牌方合作，结果得到的回复是他们已经没货了，货都被一些大主播预订完了。他们突然意识到，在直播电商中，大品牌越来越往头部主播集中。头部主播选剩下来的货才轮到肩部主播去挑，肩部主播挑选完了才轮到腰部主播，腰部以下的主播议价空间就更低了。

瑜大公子成为快手头部主播后，终于有了自己的话语权：要更好的价格、更好的机制。如果卖给20万粉丝的东西跟给3000万粉丝的东西一样，那我3000万粉丝的优势在哪里？消费者为什么在我这里买？

邵钦认为，快手平台电商主播有两种：一种是主播以利益为核心，只考虑销售产品，并不考虑产品品质和服务品质；另一种是瑜大公子这样，坚持长期主义，传递品牌价值，只是教育市场的成本很高。瑜大公子是快手第一个做品牌货的主播，也是目前做得最大的品牌货主播。

进入品牌国货的下半场——这个阶段直播定位做国货的头部品牌——瑜大公子直播起来更加得心应手。

也是在这时，谢如栋提出产品溯源的理念，要求瑜大公子去品牌方做直播，相当于做走播（意思是在市场里边逛边买）。这样做的优点不言而喻，通过让用户在直播间近距离感受品牌的研发、生产、入库、出厂等每个流程的运作，可以大大增加用户的信任度。

比如某化妆品品牌,做珍珠护肤,他们是怎么养殖珍珠的?珍珠打捞起来怎么打成粉,又是怎么生产的?

在直播过程中,品牌研发师会跟粉丝介绍,粉丝买回去的某款产品,它是由什么成分组成,主要功效是什么。品牌方的老板也会站出来保证:请用户放心购买,瑜大公子所带的货都是品牌方直供,不会有假货,而且性价比极高。

这个走播过程持续了两三个月。开跃带上剪辑、场控、选品等团队同事,陪瑜大公子全国各地跑。三小时以内车程的公司包车,三小时以上车程的,乘坐高铁、飞机。

这个阶段的爆发点出现在2019年12月,瑜大公子推出某国货品牌直播专场,GMV第一次突破500万元。

事实上,品牌方开始只准备了300万元的货,结果直播还没结束,300万元的货全部卖空。谢如栋和品牌方老板一起在现场跟进这场直播。货盘售罄后,两个老板当机立断,直接去仓库里播,仓库里还有200万元的现货。

瑜大公子接着直播三个小时,将仓库里剩下的货全部卖空。

第三阶段:国际大牌

必须承认,瑜大公子在直播电商进入第三阶段完全是靠粉丝倒逼的。

当一个主播只有30万粉丝的时候，粉丝里高净值用户（简单理解就是消费能力更强的用户）占比不高，卖国际大牌可能几乎没有任何成交；

当一个主播粉丝量已经接近3000万的时候，体量翻了100倍，随着粉丝里的高净值用户占比越来越多，这些粉丝的需求被激发，他们不只需要美妆，他们可能还需要牙膏，需要纸尿裤。他们也不只需要品牌国货，还需要国际大牌。

这种倒逼机制无疑带来两点好处：

一是品牌进化到一个新的制高点。品牌化策略符合用户需求，用户对品牌的接受度进一步提高，这类用户的忠诚度很高。

二是这一需求倒逼主播必须完成从垂类主播到全品类主播的转型。单一品类已经不能满足用户的需求。就像现实生活中，过去小区里居住人口只有100人，小区附近有个便利店就基本能满足用户需求了。结果附近新建了几个小区，常住人口扩充到1000人，便利店的商品已经不能满足附近居民的需求，于是有了大型超市或商场。当附近小区人口超过10000人时，旺盛的需求导致附近出现大型的商业综合体，以满足居民衣食住行的方方面面。

当然，我们也可以理解为，用户和主播一起成长。

比如说，最初跟随瑜大公子的女粉丝25岁，还没结婚，只有购买美妆产品的需求。过了三年五年，这个女生结婚了，生了孩子，育儿的需求就爆发出来。这时候，她和很多类似她这样的粉丝就会通过评论、直播间、后台私信、私域流量等各个渠道问瑜大公子：直播间有没有进口奶粉、进口纸尿裤、进口湿纸巾卖？

如果说品牌国货打破了快手直播电商客单价不过百的魔咒，那么，国际大牌则进一步颠覆了人们的认知：一些国际大牌客单价机制基本都在500元以上，有些甚至在1000元、2000元以上。

2020年3月26日，瑜大公子开始直播国际大牌。

当天直播结束后，客单量让人震惊：某客单价1000多元的国际大牌居然卖出3000件，GMV超过300万元。

这是什么概念？

换作以前，在快手销售客单价30元的低价产品，卖3000件GMV是9万元；现在客单价1000多元，卖出3000件，GMV超过300万元。两者相差30多倍。

即便抛开低价的白牌货，对比品牌国货的美妆机制：一套品牌国货价格100元，卖3000套，GMV达到30万元；国际大牌客单价1000多元，卖出3000套，GMV超过300万元。两者相差10倍。

这就是品牌的魅力。

国际大牌的直播产出真正刷新了所有人对快手的认知，也刷新了所有人对品牌货的认知：快手上并不缺乏高净值用户，快手粉丝的购买力并不弱。

第五节　流量运营的核心投放逻辑

直播电商中关键的一环是流量投放。流量投放必须是可以标准化，可以批量化复制的，否则没有任何意义。

正是在这样的背景下，快手推出小店通营销工具。瑜大公子和团队彻底结束打榜玩法，开启流量的集中采买，成为遥望网络直播电商中的分水岭。

邵钦负责瑜大公子以及公司所有主播的流量投放，用最通俗的语言阐释就是三个关键词，也是流量投放的三个阶段：花钱、会花钱、拼命花钱。

花钱是第一步，建立数据模型；会花钱是第二步，通过不同维度的数据分析、比对，反复测试，得出一个最佳的流量投放模型；拼命花钱是第三步，不要追求ROI的高低，而是计算货盘ROI的盈亏平衡点，只要还没超过这个平衡点，就压着这条线,把投放放大到最大规模。

自从淘宝开辟了"双十一"和"双十二"电商节,紧随其后,京东开辟了"6·18"电商节。

当然,开辟电商节的还有快手。

2018年11月6日,快手推出首届"116品质购物节"。当天的购物节上,某头部主播单场直播GMV突破1.6亿元,迅速出圈。很多人看到这场直播后心潮澎湃,决定入局快手直播电商,其中包括谢如栋,他从中嗅到了新的机会。

第二天,谢如栋召开项目会,迅速搭建项目组,把办公室改成直播间,开启了遥望网络的直播时代。

当然,直播电商出现爆发式增长是在2020年元旦以后。随着新冠疫情爆发,多个行业停摆,人们足不出户,线上业务迅速爆发,2020年成为真正意义上的直播电商元年。

直播电商流量运营的任务兜兜转转,最后回到邵钦手上。

从PC时代站长群的流量运营,到微信时代的公众号流量运营,再到短视频时代的流量运营,其本质的方法论没有任何改变,改变的只是信息载体和表现形态。

直播电商流量运营中关键的一环就是流量投放。

在分享遥望网络的投放策略时,邵钦谈到三个关键词:花钱、会花钱、拼命花钱。

首先，你得先花钱，不花钱就没有第一轮数据，没有数据就没法分析数据，就没法倒推优化你的投放策略。

其次，你要会花钱，像一个项目经理一样去看待项目的ROI，比对整个项目的投产管理和IP的全生命周期进行规划，主播的人设是什么？项目的内容是什么？主播的记忆点是什么？不要为了花钱而花钱。通过不同维度的数据分析、比对，反复测试，得出一个最佳的流量投放模型，到这里就证明你已经学会花钱。

再次，学会花钱以后，就要拼命花钱。只要在盈亏平衡点之上，就拼命花钱，唯一的标准就是：没有上限，除非触达平台的最高阈值。

有了基础的认知以后，我们来看一下遥望网络是如何在直播电商领域对瑜大公子进行流量运营和投放的，经历了哪些阶段，投放中有哪些窍门。

事实上，遥望网络并不希望纯粹通过单一的运营手段来提升自身的效率，但快手当时唯一的流量运营工具是粉丝头条，给短视频加热，但对直播电商来说，这个工具几乎形同虚设。

从微信公众号时代的经验判断，快手迟早也会出台对应的流量投放工具平台，但是什么时候出，并不清楚。

没有条件，邵钦只好创造条件。

打榜最大的问题是,控制不了人的要素。直播电商讲究人、货、场三要素,货和场都可控,但是人控不住。在打榜过程中,两个主播连麦,这是两个主播人设之间的PK。谁都想把自己的人设立于他人之上,所以很难建立人设的模型。当你刚刚要开始立人设的时候,对方就压制你。

小店通的出现恰好解决了这一难题——人、货、场全部可控,可以形成完整的测试数据模型。

2020年8月初,小店通内测版正式上线。

2020年9月14日,瑜大公子的这场直播成为遥望网络直播电商时代的分水岭:

谢如栋作为公司第一运营,亲自坐镇指挥直播现场,并要求公司所有高管下沉到直播一线;

公司在结束秒榜后,第一次启用小店通,进行流量的集中采买,并测试这一流量工具的最高阈值;

直播电商必须完成从粉丝到用户的转化(当然,也可以理解为是从流量思维上升到电商思维),不能让粉丝一直在直播间围观,而是要通过福利低价触达更大范围内的粉丝,让粉丝购买直播间产品,成为电商用户,并对产品产生直观感知和判断;

完善24小时极速发货的物流体系,无论传统电商还是直播电商，考验品牌非常重要的一点就是物流体系的完善度和时间效能，时间越快，效率越高，用户的体验越好；

完善售后体系，设立500万"先行赔付"基金，消费者遇到质量和售后服务问题，可在72小时内给予先行赔付；

……

事实证明，瑜大公子直播间GMV自此出现火箭式的增长——

9月14日，GMV突破1500万元；

9月19日，GMV突破7866万元；

9月30日，GMV突破1.36亿元；

11月5日，GMV突破3.68亿元……

两个月不到，瑜大公子直播间的GMV已经不能单纯用暴涨来形容。按照这个效率往前推进，瑜大公子应该能很快成长为一个年GMV过百亿的主播。

但结果没有达到预期，增长速度有所减缓，邵钦难免有些遗憾。

无论如何，这就是遥望网络一直以来的流量运营基因——具备拥抱变化的能力和团队，擅长程序化采买。只要有程序化采买的工具，他们就能做到几何倍数的增长——而且，战略一旦制订，剩下的就是坚决执行。

必须提醒大家的是，小店通流量投放存在一个最大的误区就是计算ROI：ROI越高，证明利润越高；ROI越低，证明利润越低。

事实上，对于投放的正确理解是：在盈利的前提下，把能花的钱花得越多，那才叫流量投放，而不是单纯追求ROI更高。这种单一维度的计算方式没有任何意义。

很多人还在纠结ROI，学着怎么花钱的时候，邵钦已经带着团队在拼命花钱了。

遥望网络不追求ROI的高低，而是计算货盘ROI的盈亏平衡点。比如这个平衡点是1∶4.5，只要还没超过这个平衡点，就压着这条线，把投放放大到最大规模。

——这才是小店通最核心的投放逻辑。

第六节　优化师的单场策略和长期策略

作为遥望网络的第一任优化师，邵钦搭建了独立的优化师团队。优化师最重要的工作在于两点：做好投产管理；做好流量值管理。

前者是要计算出直播中的投产比,后者是要研究整个行业的流量趋势,优化出最合适的流量值。

针对直播间的流量投放,邵钦设计出两种衡量指标:单场策略和长期策略。根据单场产出数据和月度对比数据模型的转化率,优化师以此作为衡量指标,调整流量投放的精准度。

为了把流量运营中的程序化采买做到极致,遥望网络还做了一件事:成立独立的优化师团队。

邵钦是遥望网络的第一任优化师。

2017年,谢如栋带邵钦到上海的一个广告公司学习,这是邵钦第一次接触到优化师岗位。从上海回来以后,邵钦开始搭建独立的优化师团队。

优化师的逻辑和SEO[1]类似。SEO是一种利用搜索引擎的规则提高网站在有关搜索引擎内自然排名的方式,目的是让其在行业内占据领先地位,获得品牌收益。很大程度上是网站经营者的一种商业行为,将自己或自己公司的排名前移。

在PC时代,SEO优化是非常火爆的一个行业。到了移动互联网时代,尤其是更具体的直播电商时代,优化师的定义和职责更加细分了。

---

[1] Search Engine Optimization,搜索引擎优化。

笼统来讲，优化师负责处理公司在广告投放过程中的一系列问题，并将文案、关键词等进行优化，形成更高的点击率和转化率，并促成最终的成交率。

在短视频和直播电商中，陆续出现针对平台搜索引擎优化的优化师，针对信息流广告投放的优化师。本质上，优化师是运营细分领域的其中一个环节。

短视频出现前，移动互联网一直是微信的天下。邵钦带领优化师团队，投放广点通、微信朋友圈等，给公众号涨粉。

对优化师来说，最重要的是做好两件事：

第一，做好投产管理。一个合格的优化师首先是个项目经理，并不只是花钱，而是要知道瑜大公子一场直播的回本ROI是多少，要压着这条线去投，必须具备纵向链路上的思维能力。

第二，做好流量值管理。一个合格的优化师必须具备对优质素材的识别能力，同时能够及时观测到全行业的平均点击率，它的CTR（点击通过率）是多少？它的CVR[①]是多少？行业里面最高的ROI是多少？最低的ROI是多少？平均出价在多少？要去研究整个行业大盘的流量趋势，因为整体而言

---

① Conversion Rate，转化率，指用户从点击广告到成为一个有效激活或注册甚至付费用户的转化率。

都在涨,但在涨的过程中,如何能够卡到一个更合适的流量值,这就是优化师要具备的能力。

截至2021年10月,遥望网络有近30个优化师。由于主播是工作室制,每个主播一个工作室,现在是直播一部、二部,与之对应,优化师团队也是按照小组制,每2—3人一组,服务于一个主播。

跟主播一样,优化师的运营能力本质上是用钱堆出来的——邵钦说,他已经真金白银花了20亿现金——一个花过10亿元的优化师和一个花过100万元的优化师,格局完全不同。

优化师从低到高,分为三个层级:初级优化师、高级优化师、资深优化师。每个小组组长,由资深优化师担任。

直播间流量精不精准,有两种衡量指标:

一个是单场策略,看累计关注的粉丝量到场观(一场直播的观看人数)的转化率、单坑产出,这是单场投放要看的数据;

另一个是长期策略,给每一个IP(指千万级别以上的主播)制订长期投放策略,形成从月初到月末的对比数据模型,类似一个漏斗模型。

漏斗模型最上面是曝光,然后是粉丝关注,再往下走是场观,然后是点击购物车,再到下单,最后是支付。从上一层到下一层,每个环节都有一个转化率,优化师以此作为衡量指标。

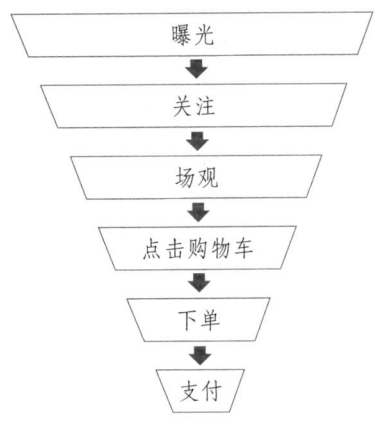

单场策略容易理解,根据工作室主播的目标,想增粉,优化师就做涨粉计划;想做利润,优化师就做利润投放策略。

那么,我们怎么理解长期策略?

以瑜大公子为例。瑜大公子做品牌美妆,长期策略应该是圈一些品牌粉过来,定向中需要设置关键词,把整个快手平台里面品牌关键词排名前50位的全部搜出来,把这些品牌全部做到"拉卡词库"里面去。

通过第三方的一些统计工具(小店通也有统计工具,不过不太好用),第一步是创建一条计划,叫作大定向,其中涉及人群画像,包括性别、年龄、地域等。确定大定向后,剩下两个小标签，一个叫兴趣定向，一个叫行为定向。

比如用户在一个主播的直播间购买过某化妆品牌的机制，这叫行为定向；同样是这个用户，曾经在短视频里浏览过类似化妆技巧的视频，这叫兴趣定向。

根据行为定向和兴趣定向，优化师做长期优化，因为广告系统是通过算法不断迭代的过程，反复优化到极致。

比如遥望网络另一位头部主播做酒水，优化师就应该投男性，年龄在35—45岁，或45—55岁的目标人群，一类是小镇青年，一类是小镇中年。根据他们不同的画像，考虑他们喜欢什么样的素材，探究他们会对什么样的素材产生点击行为，以及点击进入直播间后，想要看到一个什么样的场景，根据这样的规划，再设定酒水如何摆放……这些都是优化师需要经过落地页优化的。

只是以前投广点通是一个静态页面，直播间是一个动态空间。动态空间的SOP[①]一样是可以标准化的，比如东西怎么摆，挂件怎么挂，主播的服化道怎么做。

这样从前端人群定位到中间的引流，再到落地转化，整

---

① Standard Operating Procedure，标准作业程序。指将某一事件的标准操作步骤和要求以统一格式描述出来，用于指导和规范日常的工作。核心是对某一程序中的关键控制点进行细化和量化。

个过程损耗很少,这需要优化师和前端做深度配合,不断探讨接下来的人设定位是什么,主力货盘是什么,主播的记忆点是什么,优化师负责设计所有的前端投放文案,分解到每一场,形成长期策略。

在长期策略里,不但要看当天的ROI,还要看T3(第3天)、T7(第7天)、T15(第15天),甚至T30(第30天)的ROI。

优化师将不同阶段的模型进行对比,UV[①]产出是否一致?如果一致说明用户的准确度比较高。如果这个指数在上升,说明定向精准度越来越高;反之,说明定向精准度越来越低。这就需要优化师对投放模型进行调整。

此外,瑜大公子的短视频由工作室内容组负责拍摄制作,文案则由优化师提供。优化师更清楚关键词如何优化,怎样圈住目标用户。比如明星黄子韬到遥望网络来,常见文案是:

"明星黄子韬来遥望了!"

这个文案需要优化,更好的优化文案应该是:

"震惊了!明星黄子韬深夜进入一家公司,灯火通明!"

后面这个文案点击率绝对比前面那个高。文案的核心在

---

① Unique Visitor,独立访客。指访问某网站站点的用户数,一台电脑客户端为一个访客。

于制造神秘感,这符合用户的猎奇心理和窥探他人隐私的欲望。

第七节　玩转直播电商的不二法门

在计划经济时代,没有人具备用户思维。到了市场经济时代,产品过剩、信息过剩,当海量产品需要不断筛选的时候,商家逐渐开始强调用户思维,站在用户角度思考问题。同时,公域流量(淘宝、天猫、京东等被集体所共有的流量)竞价排名的流量费用节节攀升,商家苦不堪言。在这样的背景下,出现了私域流量(指微信等属于单一个体的流量)。

私域流量是在公域流量池里筛选过的增量,装进私域流量池,长期经营,变为存量。所以有人认为,从连接用户、筛选用户到经营用户,是从0到1搭建私域流量池的完整流程,构成完整的商业闭环。

私域流量意味着"可以反复触达并且免费,增加用户的全生命周期"。私域流量运营中比较常见的有个销(个人销售顾问)、微商(收代理费,即预收货款,不退货)、社群团购等不同形态。他们的共同点是,将用户沉淀在微信个人号、企业号、公众号等,然后对用户进行精细化运营。

到了直播电商时代，私域流量的最大价值不在于销售产品，而在于给直播间导流，这是玩转直播电商正确有效的核心方法论之一。如果你是土豪，可以通过打榜或小店通进行流量的集中采买，给主播的直播间赋能。如果你不是土豪，最好的方式就是通过私域流量给直播间赋能。

遥望网络将私域流量带到瑜大公子的直播电商领域。

截至2021年10月，瑜大公子私域流量池积累粉丝达到100万，包括近400个粉丝团社群和60多万粉丝的微信公众号：瑜大公子。

当然，遥望网络并没有对100万粉丝进行骚扰或变现，而是为瑜大公子直播间进行直播赋能。简单来说，为了维护用户的黏性，在瑜大公子做直播的时候，会将粉丝导入瑜大公子的直播间，拉升直播间人气，促进商品转化、成交。

负责瑜大公子私域流量运营维护的是瑜大公子的小助理香奶奶。香奶奶2019年8月入职遥望网络用户运营部，目前担任初级用户运营主管。用户运营部共20人左右，分为5个小组：用户增长、社群活动策划、用户维护、内容小组、舆情监控。香奶奶负责前面3个小组，后面两个小组分别由另外两个同事负责。内容小组主要负责瑜大公子的公众号和瑜大公子快手助理的短视频号发稿，以化妆、护肤种草、直播预告等内容为主；舆情监控则是负责抓取账号评论区，以及各个渠道的负面信息，维护粉丝利益，联系商家售后，让粉丝的反馈得到落实。

香奶奶带团队做的事情包括：

直播前，在微信群或朋友圈发布消息，通知用户瑜大公子的开播时间，直播间产品和秒杀等福利；

直播时，团队即时观看直播，针对粉丝在直播间下单时对产品产生的任何疑问及时在社群进行沟通；购买后，鼓励粉丝在社群晒单，激发粉丝的分享欲；激活社群，在社群里发红包、玩接龙游戏，手气好的粉丝，会得到瑜大公子的签名照、雨伞、化妆品小样等福利；

直播结束后，针对粉丝的产品使用、售后等问题，及时给出反馈和处理。

怎么去运营近400个粉丝团社群？

香奶奶的介绍是，通过粉丝团里老粉带新粉的方式完成这样的运营工作。他们在群里发掘最活跃的铁粉，让铁粉做管理员，每个人负责4个群的日常更新和维护。

香奶奶他们主要维护100人的管理员群，效率提高很多。

针对快手粉丝团的用户等级，香奶奶设置了3个社群等级：1—3级粉丝在萌新群；4—6级粉丝在铁粉群；7—10级粉丝在真爱群。

等级不同，对应的福利也不同。

团队通过抽奖的形式，对下单粉丝进行返现。返现比例在10%左右，相当于打9折。针对返现的订单金额不低于20元。20元以下的秒杀款、福利款订单，不参加返现活动。

针对月下单3单以上的高净值用户，香奶奶团队会进行更加精细化的运营管理。

以2021年9月28日某化妆品品牌专场直播为例，直播前，香奶奶团队在朋友圈发布文案：

> @所有人
> 刚刚香香在小红书上看到有位小仙女分享了上次瑜大带过的×××玻尿酸水光洗护，很适合香香这种扁塌头发，太心动了！上次收到货的集美们快来分享一波使用感受让其他宝子种个草。瑜大【28号×××专场】还会带这款哦，而且福利机制又到位了！
> @所有人
> 今天中午瑜大要开播了，是×××专场哦，有需要的可以关注直播间，囤货了，还有超多福利哟！

随后，100位粉丝团管理员将这些文案转发到近400个粉丝群，@到每一个粉丝；香奶奶团队同时将文案发布到朋友圈，公众号和视频号发文由内容组完成。

粉丝接收到信息后，为了抢秒杀福利，会在直播开播后第一时间拥入直播间。

直播过程中，团队接着发布促进直播转化的文案：

1000份好运来已准备好！挂烫机、电煮锅、电烤箱、电磁炉、电风扇，都免费送！

【×××洗发水】干性头发拍精油润养，油性头发拍透明质酸钠2瓶×500毫升洗发水＋1瓶×500毫升润发乳，再送同款洗护100毫升×2，到手79.9元；库存有限，手慢无！×××大破价，豪礼多多。

直播结束后，团队通过社群提醒粉丝：

宝宝们，月末啦，香香重点提醒下。群里好评活动还没链接登记订单编码的赶紧登记哦。9月的订单过了30号就登记不了哦。登记订单编号后就可以慢慢等。收到货继续上传好评截图，群里发口令：返现，跳出来的链接里参与好评活动哦。

大家有任何问题可以戳群里香奶奶头像给香香留言。香香只要看到了就会回复大家的,群管理宝宝也会在群里帮大家解决问题哒。还有,9月订单返现没登记的赶紧上传到活动链接哦,今天是最后一天啦,每个月可以参加3笔哦。

事实证明,社群导流是直播电商中最重要,也是经过反复验证后,最有效的一种方式。当然,如果有足够的资金投入,也可以通过秒榜和小店通等工具进行直播间流量投放。

第八节 如何定制一场直播

无论资本还是MCN机构从业者,甚或第三方观察者,都在试探性地问同一个问题:能否批量化复制瑜大公子这样的IP?

毋庸置疑,IP不可复制,但生产IP的土壤是可以复制的,即培养主播的运营方法论是可以复制的,除了IP以外的主播是可以复制的。

IP指的是千万量级以上的头部主播,属于整个主播领域金字塔的顶端,往下是KOL①,再往下是KOC②。相比于KOL,KOC的粉丝更少,影响力更小,优势是更垂直、更便宜,常见于私域流量朋友圈。

同样,直播电商的模式是可以复制的,核心在于两点:信任和营销策略。如果说信任是敲门砖,营销策略就是临门一脚。

在直播电商行业,一个非常有趣的现象是,几乎所有的MCN机构,都是靠一个头部主播在支撑,"如涵"是张大奕,"谦寻"是薇娅,"美ONE"是李佳琦。

相比之下,遥望网络显得有点与众不同。除了瑜大公子和酒仙李宣卓两位头部主播,遥望网络还有一批单场带货量过亿元的明星艺人。

头部主播成长到一定阶段,会完全压制住下面所有主播的成长,这有点像大鱼吃小鱼的自然生态法则。头部主播会

---

① Key Opinion Leader,关键意见领袖。在营销学上通常指拥有更多、更准确的产品信息,且为相关群体所接受或信任,并对该群体的购买行为有较大影响力的人。

② Key Opinion Consumer,关键意见消费者。一般指能影响自己的朋友、粉丝产生消费行为的消费者。

吸收掉所有的流量，贡献最大的产出。

资本市场也一直在问遥望网络这个问题——能否批量化复制瑜大公子这样的IP？遥望网络思考后的回答是：IP不可复制，天时地利人和，缺一不可。

事实证明，遥望网络的判断是对的。

IP不可复制，但除了IP以外的主播（KOL）是可以复制的。

按照邵钦的观点，年GMV超过10亿元的S级主播是无法复制的，S级以下的主播是完全可以复制的。事实证明，遥望网络已经复制出很多A级和B级主播，还有一批仍然处在孵化期的主播。

深究下来，可复制的不是主播，而是生产IP的土壤，即运营方法论。运营团队配合的默契程度、选品团队对商品结构的不断优化，这些是土壤成分。如果说花园里面的玫瑰花都不一样，起码花园里种植玫瑰花的土壤是一样的。

于是，遥望网络考虑将运营的流程标准化，启动对所有运营人员的培训。作为遥望网络第一运营，谢如栋在培训中提出遥望网络的差异化策略——差异化的打法、差异化的人设、差异化的内容、差异化的货盘——一定要能在平台里面找到这种稀缺性的东西，因为短视频平台正在崛起，所有消费者的需求一定是变化的，要把各种粗放性的需求变成更加精细化的需求。

接下来，就看遥望网络运营团队的承载能力，承载能力越强，可以做出的A级和B级主播就越多，整个带货金字塔就会形成。

对此，开跃深有感触：直播电商的一些标准模式是可以复制的。

复制的核心就两点：信任和营销策略。

信任是直播电商的核心。不论购物形式发生了什么样的变化，信任这个要素是永恒的，是主播人设的一部分。如果一定要把一个主播分成上下半场，那么上半场就是货带人，主播不够强大之前，用户的信任感来自品牌，品牌自带信任度，不同品牌，信任程度不同。主播通过品牌培养用户的信任度。

当主播的信任度和人设越做越强的时候，就开始进入下半场——人带货。哪怕是新品牌，到了大主播里，一样成为爆品。

而当用户对主播产生信任还不够时，就需要采取一定的营销策略。主播直播时，用户虽然有信任感，却不一定愿意产生购买行为，仅仅是愿意进入直播间观看而已。

营销策略就是让进直播间的用户下单，完成购买。这两者相辅相成，互为递进。如果说信任是敲门砖，营销策略就是临门一脚。

营销策略包含三个要素：

其一，构建用户的消费场景，让直播间产生积极氛围；

其二，独有机制，主播在直播间销售的产品是全网独有的机制，用户在别处买不到；

其三，选品无论在价格还是实用性等方面，达到用户的心理预期，让用户无法拒绝。比如今天直播间买手机，送充电宝、送耳机、送贴膜等，福利叠加起来让用户觉得物超所值。

既然直播电商的土壤是可以复制的，那么，在人、货、场都具备时，应该如何定制一场直播？或者说，一场好的直播电商模型，最核心的是什么？

作为瑜大公子工作室的负责人，开跃通过GMV指标将瑜大公子的直播分为3种类型：A级、S级、S+级。针对其他主播或团队，这种分法同样成立。

A级、S级直播

流量：以私域流量为主，以及部分公域流量。

选品：侧重新品，几乎所有爆款都是从新品中产生的，所以需要从新品中测试新品的数据和阈值，筛选出潜在的爆款。

主播：面对几十万人同时在线和面对几万人同时在线，主播在直播间的亢奋程度是不一样的。这时候，主播更多的还是平常心。如果直播间一直是5万人，突然来了50万人、100万人，那是什么感觉？主播的情绪简直就像小宇宙爆发。

S+级直播

流量：调动全平台流量，包含公域流量、私域流量，以及站外流量。

选品：选品上以爆款为主，选历史转化率最高的品。

主播：主播在直播间的亢奋情绪是很重要的。主播的气势，他的同理心和语言表达能力要很强。

当然，针对S+级直播，开跃补充了三点可选项。

1. 仪式感：开播前10分钟到半个小时，将团队召集起来，一起喊个口号，或者举行某种开播前的加油仪式，让大家有更深的参与度，释放心里的压力和紧张的情绪。同时也是给主播打气，给自己打气。

当然，这种增强仪式感的做法，我们往往将其归结为企业文化、团队文化。它也许对直播结果不会产生决定性的影响,但它含有某种戏剧性极强的心理暗示,它可能是A区别于B的截然不同的东西。

2. 彩排。S+级直播涉及的环节很多,时间很长,运营过程中任何一个环节出问题,都可能引发连锁反应。这种情况下,最好的方式是提前彩排,在彩排过程中发现问题、解决问题。这种彩排类似于互联网产品上线前的灰度测试,邀请一些忠诚度高的种子用户来体验这个新产品,把用户遇到的所有问题集中进行修订和完善。直播也是如此。

3. 直播场景。搭建直播场景,制造直播氛围。尤其是S+级直播,甚至需要搭建户外海报、T台等。直播场景是为了给用户制造一种仪式感,这是直播带给消费者的心理暗示。

正是在那一刻，永恒进入时间。——西蒙娜·薇依

瑜大公子大事记

2019年7月,注册"瑜大公子"快手账号,瑜大公子开始进入快手平台。

2019年8月,快手直播间人气首次突破1000人。

2019年9月,国货单品直播单场GMV首次突破100万元。

2019年10月,获得浙江省电子商务促进会"电商杰出主播"称号。

2020年3月3日,参与公益助农直播活动,帮助杭州建德大洋镇柑橘果农售出柑橘1万单,合计达10万斤。

2020年3月,海外大牌专场,GMV首次突破1000万元。

2020年3月21日，参与关爱因疫致困青少年特别行动，捐献当天直播所有收入。

2020年4月12日，参加"县长向前冲，产区来直供"公益大直播，助力湖北复工。

2020年4月22日，与陕西商洛山阳县副县长连麦，助力本土农副产品。

2020年6月7日，第一次挑战"破亿之战"直播。

2020年9月19日，送百万单福利，单场GMV突破7300万元。

2020年9月30日，双节同庆，进入亿元GMV主播俱乐部。

2020年10月，荣获"美好生活·浙播季直播达人"称号。

2020年11月，获得快手"116精品好物挑战赛"冠军称号。

2020年12月，获得快手"美妆劳模"称号。

2020年12月，获得"克劳锐带货力TOP主播"称号。

2020年12月5日，海南三亚海底直播活动，瑜大公子联合蓝丝带海洋保护协会呼吁关注海洋生态保护，并以个人名义献上爱心。

2021年1月20日，国家质量监督管理总局主管的《中国质量报》携手瑜大公子发起以"在希望的田野上——促进产业提升，助力扶农富农"为主题的公益助农带货活动，并获得《中国质量报》颁发的"直播带货质量诚信示范主播"荣誉奖杯与"中国质量报　快手荣誉主播"聘书。

2021年3月5日，"暖心护花·关爱乡村女童青春期健康"公益行动启动第一站，瑜大公子为小朋友们捐赠健康公益包，分享青春期健康卫生知识，并和社会各界公益人士一起将青春期教育课程引入乡村学校。

2021年3月，荣获快手"38女神节巅峰宠粉王"称号。

2021年3月,荣获"快手电商年度影响力主播"称号。

2021年3月26日,瑜大公子作为演讲嘉宾,出席新榜大会。

2021年3月30日,与央视主持人尼格买提合作举办"人民国货"专场直播,荣获"人民国货金牌推荐官"称号。

2021年4月10日,新华社"美好蓝图,购画新气象"专场直播。

2021年4月29日,受"中国航天·太空创想"品牌邀请,担任"航天文创品牌推荐官",中国空间站首舱"天和核心舱"发射升空,瑜大公子通过直播间带领粉丝见证全程,为航天文化传播助力,并捐赠爱心图书室用于"圆山里娃的成长梦想"项目。

2021年5月,首次跨界挑战歌手,以歌手周瑜的身份发布首支单曲《瑜你同行》。

2021年5月7日,作为中国首届消费博览会受邀主播,通过直播的方式带大家云逛消博会，荣获"快手海南好物金牌推荐官"。

2021年5月13日，受邀出席"GQ名利场"，并首次以"周瑜"身份公开亮相担任红毯主持人。

2021年6月10日，携手央视主持人张韬举办第二场"人民国货"专场推荐直播。

2021年7月，瑜大公子以粉丝的名义向河南灾区捐款30万元。

2021年7月，奥运冠军何姿空降瑜大公子直播间，和瑜大公子梦幻联动，传播奥运精神。

2021年8月，荣获快手"美妆巅峰主播"称号。

2021年8月13日，两周年直播庆典，直播间同时在线突破50万人。

2021年9月20日，作为北京国际电影节唯一受邀主播参加活动，并为中国电影基金会进行了公益捐赠，助力中国电影发展。

2021年10月15日，参加第六届芭莎国际美妆活动，同时作为大奖评委及颁奖嘉宾，并获得"年度人气主播"奖项。

2021年10月，"双十一"揭幕战，连播10小时。"双十一直播之战"，卖货榜总榜第一。

2021年11月，"快手116品质购物节"，荣获美妆带货主播冠军。

2021年12月，"快手1212宠粉节"，荣获美妆宠粉主播冠军。

寄语瑜大公子

我希望瑜大公子能看到更高的未来：更高的自己，以及团队更高的未来。瑜大公子既然是灯塔，既然是榜样，就要给自己设定更高的目标。往小一点说，要引领遥望网络所有的直播主播往前走；往大一点说，要带动这个行业往一个好的方向发展。

现在，所有人都在向头部主播看齐。这是他未来应该去做的，而不是只把自己看成是遥望网络的头部主播，能够赚到钱，能够带GMV，能够卖货，这个绝对不是未来，未来应该看得更高一些，这是我对他的期望。

@遥望网络董事长　谢如栋

我希望瑜大站在21楼（遥望网络直播基地顶楼，董事长和总裁办公室所在地）往下看，希望他能站在更高的高度往下看，并且，看得更远，这个是目前来说我唯一没有让他改变的地方。

我希望他格局更大。

@遥望网络总裁　方剑

主播这个职业需要有人来定义，现在网络主播账号1.3亿多，我希望是我们家的瑜大，来告诉行业，告诉同行，告诉用户，什么是真正的主播。

@遥望网络副总裁　邵钦

瑜大就是为直播而生的。我希望他在这条路上可以一直走下去，走得更长远，这是我内心最强烈的期待，可能比他挑战破了多少个亿的GMV更加期待。

@遥望网络副总裁　梁佳

宠粉、敢说、力推国货……在瑜大众多的标签中，我最看好的是他的"坚持"。所有成功的背后，都是苦苦堆积的坚持，所有人前的风光，都是背后的不放弃。坚持无美颜直播，始终呈现最真实的状态给粉丝，让粉丝能够清晰地了解产品功效；坚持自我约束，时刻保持最佳状态，很难看到他不修边幅、无精打采；坚持一个人主持整场直播，哪怕是10小时不间断的直播，他都会保持全程高能输出，几乎不会离开直播台……同样，也是瑜大的坚持，才能让他在主播云集的时代成为标杆之一，并且一次又一次刷新战绩。

遥望网络陪伴瑜大一起在热爱中成长，未来岁月漫漫，依然值得期待。

@遥望网络联席总裁　汪文辉

瑜大真的是一个超级乐于分享的人，不是说跟你聊天那种分享，他是愿意分享他的全部感动和喜悦。

每次大活动结束后，他觉得大家很辛苦，在群里给大家发红包，出手特别阔绰，每个人发1000元红包。最开始群里五六个人，每人发1000元，群里有15个人也是每人发1000元，到了20多个人也是每人发1000元。瑜大不会觉得功劳都是自己的，他会觉得大家也很辛苦，他给大家发个红包，大家可能去吃顿好吃的，给自己犒劳一下，这样就很好。

他默默发完红包，谁不领他会私下里去催对方领。他就是这样一个人，你对他好，他会对你更好。

@团队负责人　开跃

对于很多主播来说，直播仅仅是商业策略下的带货。但在瑜大直播间，是明亮的、丰满的、使人动情的。这是个非常睿智的小伙子，他从一个既定风格的平台中摸索出自己的一番天地，背后有许多常人未知的努力。在这个行业，努力的意义，是猜测老天爷别有所图的运作方式，识别迎面而来新事物下的风口和杀机，以便走得更远。希望通过这本书，让更多人看到瑜大和身后遥望网络团队的努力。

@遥望网络市场公关总监　王凯

我对瑜大想说的是：不要自我设限。回顾以往，每一次的突破自我都会换来一次巨大的飞跃。我们没有达到天花板，我们还有更多可能。

@内容运营组长　慕卿

有一天，瑜大连续两场直播。下午直播服饰专场，晚上还有另外一场直播。直播过程中，瑜大要拿近一点看布料的细节，拿远一点看整体效果，所以整场直播都要一直站着。

中间下播的时候，我们吃饭和准备晚上直播的货品，瑜大说他的脚很痛，脱掉鞋子一看：他的袜子上全是血，因为前一天他的脚刚做过手术，播服饰专场站了半天，伤口破了。

瑜大就是这样一个人，他真的很拼。

@店铺运营组长　胖慧

我想对瑜大说的是：不要生气，保重身体，不要容貌焦虑，你已经很好看了。

@执行经纪　不蕾

我觉得瑜大是很"双标"的一个人，对待自己和对待别人是两种态度。他对自己要求很高，对我们就很宽容。有时候一起出差，瑜大请大家吃饭，拼命点菜，生怕大家吃不饱。他说：一定要吃饱，不吃饱饭怎么干活？而他自己吃了几口就坐在那里看我们吃，他很喜欢吃糕点和甜点，但他不会吃很多，会很克制。

瑜大的"双标"还体现在工作和生活上。工作的时候要求很高，比如拍摄视频，约好下午3点到，我们在这个时间点必须准备好。但在生活里，瑜大对我们就很宽容。

还有一个让人很感动的细节是，瑜大开播前都要调试镜头，他经常会考虑的一个问题是：他这个角度会不会稍微有点俯视粉丝，这会有点不礼貌。他希望让大家能够以稍微高一点的角度去看他，或者别人看他是平等视角，而不是他以一种居高临下的姿态俯视粉丝，他觉得这样不好。

@视频后期　尘雨

虽然来到团队的时间不是特别久，但早已被瑜大的专业和个人魅力折服，印象最深的一点就是瑜大的真实，他把自己最真实的一面展现给粉丝，这也是好多粉丝喜欢和信任他的原因。他从来不夸大产品效果，甚至好多实话让我们团队的小伙伴想"拦"都拦不住。无论生活中,还是工作上,真诚,才能走得更远。

@策划　逗号

跟着瑜大快两年了,可能频繁出差的时候水土不服,脸上长了很多痘痘。我有点病急乱投医,后面瑜大就跟我说了一句:要通过专业的医生做诊断,不能病急乱投医。

后来按照瑜大的建议,我去医院检查,现在基本上已经全好了。

瑜大用自己的专业知识去帮助所有的人,比如说卖一个刷酸产品,他已经用了10年,用自己的经验正确引导大家使用护肤品。

@摄像兼助播　张锐

有一场直播的时候现场试吃,是一份米线。那时候播了很久了,我看到米线就觉得非常饿,然后我申请出战就上去吃了。瑜大开始对着镜头说我很能吃,一顿吃8碗米饭还是10碗米饭来着,忘记了,说我是他见过最能吃的。其实我没有那么夸张,就是饿了。瑜大说完后让我别光顾着吃,把产品展示一下。结果,当我把碗凑近镜头的时候,发现已经把米线都吃完,只剩下汤了。因为那个米线真的很好吃,我下来后自己还拍了一单。

@店铺运营　晶晶

瑜大在我眼里，是一个精致的人。所到之处，十里留香！

瑜大之前在群里跟我们分享过，他有一个柜子放满了香水，以至于去年生日，工作室80%的小伙伴都送了他香水。

他直播的时候还说，他连耳朵后面那一块都得喷香水，360度无死角。

@视频剪辑　小妹

2019年10月到11月，项目起步初期，粉丝量小，销量也不理想，没有商品资源。靠两个国产不知名品牌，翻来覆去地卖，坚持了将近一个月。每天开播都很绝望，产品和文案与上一场几乎一模一样，但还是努力坚持，认认真真做好每一场直播。

@店铺运营　龙哥

一个主播从零开始到带货破亿需要多久时间？瑜大公子的答案是13个月。一个破亿主播到销售额翻番又需要多久？瑜大公子的答案是36天。我们从数据的角度见证了瑜大公子的成长，祝他未来再创辉煌。

@飞瓜数据　快手版

快手就像是一个集市，无数老铁在上面玩耍、购物，打PK、卖货的主播们也各显神通，争取着那些宝贵的注意力和消费力。

但老铁们成长得太快了，内容要越来越专业，货也不仅仅只求便宜。

在这方面，瑜大公子走在了前面。

@新榜编辑　云飞扬

生而不同，就要敢于不同。不同是每个人本真的颜色。东野圭吾说过，世上最好的保鲜就是不断进步，让自己成为一个更好和更值得爱的人。在认识瑜大之前，每天都是随便过的一天，认识瑜大之后才知道，每天都是绝版的一天，每天都要生活得精致，不管男生还是女生，在不伤大雅的情况下，让自己每天保持美丽。一路走来，瑜你同行！

@网友　沈默

我虽然关注你没多长时间，但是改变了不少，从一个不爱化妆、护肤的懒女人，到一个精致的女人，真的改变了好多。他们都笑：这女人疯了。

@网友　听话！！！不折腾！！！